愛別十景

——出会いと別れについて

窪島誠一郎
Kuboshima Seiichiro

アーツアンドクラフツ

愛別十景
――「出会い」と「別れ」に就いて

人生は「出会い」と「別れ」の連続である。

人は生まれてから死ぬまで、人との出会いと別れを繰り返す。学校で机をならべた学友や幼馴じみ、仕事上で知り合った同僚、同じ趣味の道で競い合った仲間、つかのまで終る出会いもあれば、終生の友となる出会いもある。ひょんなことで出会った男女が、やがて愛し合い結婚にいたるということもあるし、色々な事情から思いを抱いたまま別れなければならないケースもある。人は命あるかぎり、継ぎ目のない「出会い」と「別れ」を繰り返して生きてゆく。

だが、人間の一生にかぎりがある以上、どの「出会い」にもかならず「別れ」がやってくる。どんなに愛し合った男女でも、深い絆でむすばれた友でも、やがてやってくる「死別」という運命からはのがれられない。

考えてみれば、親と子の関係からして究極の「出会い」である。人は父と母の一滴の生の交わりを得てこの世に誕生する。ある意味、子にとって一番最初に出会う人間は「親」なのである。そして、やがてその親と子にも別れのときがやってくる。結婚して家を出ることも親との最初の離別といえようし、たとえ同居していっしょに暮らしてゆこうと、順番からいえば親は子より先に死ぬ。

もちろん逆もある。

昨今のニュースをみていると、不慮の事故や災害で愛する娘や息子を失なった父親や母親の姿が数多くうつし出される。「親に先立つ不孝」という言葉があるが、こうした悲劇によって子の命を奪われた親の悲しみははかり知れない。だが、それもまた、この世に親子として生まれた二人の「出会い」にあたえられた不可避な宿命といえるのかもしれない。妙な言い方になるが、親であればその子の親としての、子であればその親の子としての歓びがあり、そのぶんだけ両者には別れの哀しみがあたえられるのである。

つまり、この世は無常迅速にして諸行無常、人間がいつかは死んでゆく生きものである以上、人生には「出会い」の数だけ「別れ」があるといえるのである。

「愛別十景」と名付けたこの十篇の文章も、そうした人間世界で繰りひろげられる「別れ」の風景をとらえたものである。先人がのこした著作や手記のなかから、あるいは「史伝」や

「伝記」のなかから、その人が体験した十の「別れ」にスポットをあててみた。いずれも、筆者がこれまでに読んだなかで、今でも忘れることのできない印象にのこった「別れの文章」ばかりである。いってみれば、ここにつづった「十景」は、筆者自身の人生にも心当りのある愛別離苦、悲喜哀歓の思い出を重ね合わせた、人と人の別れの記録であるといっていいのかもしれない。

書いてみてわかったのは、親と子の別れであれ、兄弟姉妹との別れであれ、夫婦の別れであれ、友との別れであれ、そこには人生の歓び、哀しみのすべてが凝縮された美しさがあることだ。人の別れが美しいとは何ゴトかといわれそうだが、人との出会いが人生の蜜であるなら、別れもまた蜜の味を有する。今生で出会った二人がかならずいつか向き合わねばならぬ宿命への、やるせない諦念のようなものまでがうかがえて、粛然とした気持ちになるのである。

「愛別十景」の最後に登場する、ある歌人夫妻の話を思いうかべる。末期ガンの床についた妻がモルヒネ治療の眠りから醒めたとき、苦しい息の下からつぶやくように詠《うた》う歌を、同じ歌人である夫が枕元で原稿用紙に書きとめる。

手をのべてあなたとあなたに触れたきに息が足りないこの世の息が

あなたらの気持ちがこんなにわかるのに言い残すことの何ぞ少なき

こんな数首をのこして、戦後歌壇に巨跡をのこした女性歌人は、愛する夫ら家族に看取られ、翌日六十四歳の生涯をとじるのである。

これはあくまでも、歌道という文芸に身を捧げた歌人同士の永訣だから、われら凡庸な夫婦には縁のない高潔な夫婦愛というほかないけれども、それにしても夫と妻が永遠《とわ》の別れに際して、これほどまでに深くたがいを思いやり、心の静寂と矜持を保つことが可能なのだろうかと身がひきしまる。人と人との別れは、両者にあたえられた知の力によって、こんなにも切なくこんなにも純粋であることができる、と確信させてくれる一景だろう。

「愛別十景」は、そんな人間の「愛《かな》しみ」のけしきをつづった、筆者推輓の十のヒューマンヒストリーである。

目次

愛別十景

――出会いと別れについて

良寛と貞心尼

仏教にも高僧の和歌や俳諧にもそんなにくわしくないほうだが、「一休さん」「良寛さん」は漫画にもなっているから幼い頃から知っている。

一休宗純は応永元年（明徳五年）、西暦でいうと一三九四年の正月元旦、（伝記によれば）京洛の一民家で後小松院の落胤の子として生まれた僧侶で、生涯にわたって現世を批判し、禅寺の俗化を嘆き、それを数多くの卓《すぐ》れた詩文に昇華させた高僧中の高僧だ。もっとも、（漫画には出てこないが）八十八歳で入寂するまで、巷の酒肆や遊廓に入りびたり、女犯肉食におぼれあちこちに子をつくり、はては男色にまではしり、しかもその交情を隠すことなく赤裸々に詩文に表わした風狂の怪僧ともいわれた。

そんな一休にくらべると、ざっと四百年後の寛政の時代に登場した良寛は、ごく篤実な人生をあゆんで七十四歳の生涯をとじた俳諧僧だった。近所の子どもと手鞠あそびに興じたり、かくれんぼしたり、かくれんぼしているうちワラ小屋で寝てしまい、野良仕事の農婦をおどろかせたなんていうのどかな逸話がのこっている。そのあいだに「霞立つながき春日に子どもらとてまりつきつつこの日暮らしつ」とか、「草の庵《いほ》に足さしのべて小山田の山田のかはづ聞くがたのしさ」とかいったいくつもの名句をのこした。

わざわざ説明することもないけれど、前歌は美しい霞の立つ春の一日、子どもたちと邪心をすてて手鞠をついていると、いつのまにか日暮れがきているという意。そして後歌は、自分はいま草庵のなかでのびのびと足をのばしている。その姿勢のまま遠くの山田の蛙の鳴き声を聞いていると、時間を忘れるくらいたのしいという歌である。どの歌を読んでも、良寛の人柄がしのばれるというものだろう。

そんな良寛の透明無欲な人間性に惹かれ、良寛が七十歳に達した文政九年（一八二六年）、何と当時二十九歳だった貞心尼《ていしんに》という美貌の女性があらわれ、熱心に手紙を書いて面会を申しこみ、ついに良寛の住む庵に泊まりこんでしまった話は有名だ。今でいう「追っかけ」のはしりである。といっても、貞心尼はそこいらの「追っかけ」とはちょっとちがって、良寛最晩年の数年間に一条の華やぎをあたえただけでなく、良寛没後の天保六年（一八三六年）、三十八歳のときに良寛の歌と、自ら良寛と唱和した歌をあつめて『蓮《はちす》の露《つゆ》』という歌集を完成させた。のみならず、良寛が故郷出雲崎を二十二歳で出奔して、玉島円通寺をふりだしに、国上山の五合庵や、ふもとの乙子神社など各所を放浪するにいたる頃の足跡もしらべ、いち早く良寛の略伝をつくるなど、僧侶良寛の作品と人を世にひろめることに大きな功績をのこした。いってみれば、良寛歌の良き理解者であったとともに、名秘書兼名編集者の役割を果たしたのである。

貞心尼（幼名マス）は新潟県長岡藩士奥村五兵衛の二女に生まれ、十七歳のとき北魚沼郡小出《こいで》島《じま》竜光村《りゅうこうむら》の医師のもとに嫁いだが、子ができぬため五年めに離縁され（夫とは死別したという説もある）、文政三年（一八二〇年）二十三歳のとき、下宿村新出（柏崎市）の閻魔閣という尼寺で、眼竜尼、心竜尼の弟子となって剃髪した。いつどんなきっかけで良寛を知ったかはわからないが、閻魔閣から古志郡福島村の閻魔堂に移った貞心尼は、二十九歳の春、今の三島郡和島村島崎に住んでいた支援者木村元右衛門の家に寄食する良寛禅師に手紙を書く。

良寛が胸をときめかせ、老いの身をふるいたたせたであろうことは容易に想像できる。何しろすでに古希の齢《よわい》をむかえていた老僧に、四十歳下の若い女性がとつぜん熱烈な思いをつづったラヴ・レターを寄越したのだ。良寛にとって、貞心尼の出現はまさしく一陣の回春の風であり、その後の創作の大いなるカンフル剤となったことはたしかだろう。

良寛研究の一人者東郷豊治氏の『新修良寛』にも、「この若い女性に会って、良寛の枯れなんとしていた精神が俄かに潤い、いかにみずみずしく蘇ったかが推察される」とするされ、歌人斎藤茂吉もまた『短歌私鈔』のなかで、「良寛は貞心尼と会って、ますます優秀なる歌を作った。その歌は寒く乾ききったものでなく、恋人に対するような温い血の流れているものである」と書き、「死に近き老法師の良寛が若い女人の貞心尼に対した心は真に純無礙《むげ》であった」と書いている。

もっとも、良寛と貞心尼の初デートは、そんなにスムースに実現したわけではない。

まず、その頃貞心尼が住んでいた福島村の閻魔堂は、良寛の住む和島村島崎とはかなり離れていて、貞心尼が良寛と会うには、福島から数キロ南へ下り、信濃川を渡って与板村までゆき、そこから塩法峠《しおのりとうげ》の山岳をこえて三日もあるかねばならない。今のようなメールの時代ではなかったから、手紙を出してお互いにすぐ会えるという状態にこぎつけるのは大変だった。

そもそも貞心尼が最初に手紙を出したのは文政九年（一八二六年）四月十五日、ちょうど良寛が寺泊《てらどまり》の密蔵院にいっていた頃で、「夏頃にはお戻りになるとのこと、そのころあらためて参上します」と書き置きに認《したた》め、夏になったので再び島崎の木村家を訪ねたところ、良寛はまだ帰ってきていなかった。それで貞心尼は、手造りの鞠に歌をそえて木村元右衛門に託してきた。秋になって島崎に戻った良寛が、その手紙をみて返歌する。

つきてみよひふみよいむなやここのとを十《とを》とをさめてまたはじまるを

貞心尼がまとめた唱和集『蓮の露』によれば、これは貞心尼が良寛がいつも手鞠を手離さぬ人であることを伝えきいて、置き手紙に「師常に手まりをもて遊び給ふとききて」としるし、「これぞこの仏の道にあそびつつつきやつきせぬ法《のり》なるらむ」という歌をそえたのに対する、良寛の返歌だった。「ひふみよいむなやここのとを」と、鞠をつきながら十まで数える数字をつらねて、十に達したらまた一から始める、そこにこそ仏法の基本があるのだと貞心尼に説く。「生きる」ということは、日一日の行ないを一つ一つ積み重ねることであり、それを何ども何ども繰り返すことによって、行ないの回数をこえた真理をつきとめることなのですよ、と説くのである。この段階では良寛は貞心尼とは顔も合わせていなかったわけだから、良寛はまったく未知の女性出家者にむかって、こんなふうにていねいに仏法の道を説いたのである。

まもなく貞心尼は、はるばる福島から塩法峠をこえて島崎の木村元右衛門邸を訪れ、初めて良寛と対面するのだが、その日は明け方近くまで良寛と話しこんだらしい。『蓮の露』にも、そのときの感激が「はじめてあひ見奉りて」としるされ、「きみにかくあひ見ることのうれしさもまださめやらぬゆめかとぞおもふ」という歌がある。

それに対して、良寛はこう返す。

いとねむごろなる道の物がたりに夜もふけぬれば
しろたへの衣手《ころもで》寒し秋の夜の月中空《なかぞら》に澄み渡るかも

仏の道について色々語り合っているうちにこんなに夜が更けてしまいました。衣手（袖口）のあたりが少し寒くなってきたので外を見ますと、いつのまにか秋の夜の月が中空に皓々とかがやいています……。早いはなし、良寛は貞心尼のあまりの熱心さに、このつづきはまたの機会にして、そろそろお帰りになってはどうですかという思いを歌にこめてみせたのだが、貞心尼はとんと動じず、「されどなお飽かぬ心地して」と題したこんな歌で応じる。

向かひゐて千代も八千代も見てしがな空行く月のこと問はずとも

こうやってお慕わしい良寛さまとお話していると、千代も八千代もお師匠さまを見ていたい気がします。わたしはちっとも飽きておりませんから、秋の月のことなど忘れて、もっともっとお話しようではありませんか。意外と貞心尼はしつこいのである。

こんな境遇になったことがないのでわからないが、良寛はこの二十九歳貞心尼の直情一途な情熱に、タジタジだったのではなかろうか。とにかく貞心尼とはこれが初対面なのだ。その若い尼僧が良寛の息がかかるほどの近くにすわり、何時間も長居して「仏法」の話をせがむ。長旅帰りの良寛が疲れているだろうとか、家主の木村家の人々が自分をどうみているかなんてことはまったく気にせず、全身で良寛にいどんでくる。

たぶんその夜は木村家に泊めてもらったのだろう、貞心尼は翌日ようやく福島への帰途につく。身づくろいして庵の戸口に立ったとき、「いざかへりなむとて」と題し「立ちかへりまたもとひこむ玉鉾《たまぼこ》の道のしば草たどりたどりに」と歌すると、良寛は

またも来《こ》よしばのいほりをいとはずばすすき尾花の露をわけわけ

「尾花」は花の形がけものの尾を連想させ、ススキの花穂は、はなすすきとも称される。歌意をいうなら、またいらしてください。この粗末な草庵がイヤでなかったら、ススキの穂の露をふみわけふみわけ、またぜひとも、という歌だ。

というわけで、とにもかくにも初対面は七十歳の良寛が二十九歳の貞心尼の若いエネルギーに圧倒されたかっこうだったが、良寛は貞心尼と初めて言葉を交わし、貞心尼が自分と会う前から自分の人柄、詩文に深い理解と愛情を寄せ、しかもその良寛に臆することなく返歌をもとめてく

る才媛であることを知って、内心ホッとするものを覚えたにちがいない。

　これをきっかけに、貞心尼が良寛に歌を呈し、良寛がそれに返し、またそれに貞心尼が返すという唱和の関係が生じたのだ。これまで歌仲間の阿部《あべ》定珍《さだよし》や弟の由之などとは唱和していた良寛だったが、こんなに若い女性法弟と歌を交わすのは初めてだった。七十歳の爺《ジ》ジィ僧にとって、これに勝る幸せがあるだろうか。


　そして、何より良寛にとって喜ばしかったのは、貞心尼はたんなる唱和の相手をつとめるばかりでなく、遠い福島からしょっちゅう島崎の木村邸を訪れ、夜おそくまで「仏法」を語り合ってゆく心の友ともなったことだ。貞心尼は、それまで自問自答の生活をおくっていた良寛の「メル友」ならぬ「和歌友」となり、文字通り身を寄せ心を寄せて良寛の人生をささえてくれる、精神的なパートナーともなったのである。

　だが、筆者のような凡人は、そんな二人の師弟関係にぼんやりとした疑問も抱く。

　その後、良寛と貞心尼は

　　君やわするる道やかくるるこのごろは待てど暮らせどおとづれのなき　良寛

君にかくあひ見ることの嬉しさもまだ覚めやらぬ夢かとぞ思ふ　貞心

夢の世にかつまどろみて夢をまた語るも夢もそれがまにまに　良寛

おのずから冬の日かずのくれゆけばまつともなきに春は来にけり　貞心

天《あめ》が下にみつる玉よりこがねより春のはじめの君がおとづれ　良寛

いざさらばさきくてませよ時鳥《ほととぎす》しば鳴く頃はまたも来て見ん　貞心

心さへ変らざりせばはふ蔦の絶えず向はむ千代も八千代も　良寛

といったような、「恋文」と見紛《まご》うばかりの多くの歌をかわし合っているのだが、かかげた歌のなかでも、良寛が貞心尼の来訪を待ちわび、「いくら待ってもあなたはこない。あなたはもう私のところへくる道を忘れてしまったのですか。それとも道のほうがどこかに隠れてしまったのですか」とうたう一首めや、貞心尼が「こうやってお会いしてみると、何だかこれも覚めていない夢のなかのことかと思うくらいです」とうたう二首めなんかは、どう読んでも恋し愛する異性にあてた熱愛の告白のように読める。

二人が出会ったとき、良寛はすでに七十歳、いくら貞心尼が若く美貌の尼僧だからといって、そこに性的な関係があったなどとは想像しにくいのだが、どう考えてもこの二人の師弟関係には、たんに「仏法」を説き合う以上の、いわば作歌を通してむすばれた「疑似恋愛」のような感情があったような気がしてならない。

つまり、良寛と貞心尼はたがいに歌をかわし合うことによって、自らの孤独や坐折を慰合っていたのではないか。貞心尼はまだ離婚して五年ほどしか経っていなかったから、その心の傷は完全に癒されていなかった。決心して二十三歳で剃髪して仏道に入って、これほどまでに良寛を慕い面会をもとめたのも、そんな自分の心の空白を埋める行動にほかならなかった。いっぽう良寛もまた、七十路をむかえていっそう老境の侘びしさがまし、近づいてくる死への心支度を急がねばならない年回りにあたっていた。そんなときに登場した貞心尼とかわす歌は（良寛からみると貞心尼の歌はまだまだ未熟なものだったが）、良寛の晩年に新しい命を吹きこむものだった。寒々とした草庵で一人寝する夜も、貞心尼に返す歌をめぐらしていると、すぐそこに貞心尼が身を横たえているようにさえ感じるのだ。

こういう妄想は、高潔な良寛僧と純心無垢な貞心尼との絆を汚すものであろうか。

ここで思いうかべるのは、やはり一休和尚のことである。

前にもいったように、室町末期に活躍した一休宗純は、時の権力の横暴を批判し、とりわけ禅宗寺院の腐敗をするどく糾弾した反骨の僧侶だったが、大徳寺の塔頭《たっちゅう》にまでのぼりつめた仏法教条の人であった反面、いっぽうでは晩年になっても遊廓通いをやめず、手あたりしだいに女色を漁ったという淫乱坊主でもあった。それは当人が『狂雲集』『続狂雲集』のなかで、自らの性的行状をこれでもかと語っているのでわかる。

そして、そんな一休もまた、七十七歳のときに森《しん》という盲目の推定三十歳くらいの美しい瞽女《ごぜ》さんと出会うのである。瞽女とは、三味線、琵琶をならして旅から旅へ歌舞を披露して暮らす盲女のこと。一休は最初に森女の艶歌をきいたとき、思わず感動して

文明二年仲冬十四日、薬師堂に遊んで盲女の艶歌を聴く。因って偈を作って之を記す。

優遊且つ喜ぶ薬師堂
毒気便々是れ我が腸
愧慚《きざん》す雪霜の鬢に管せざるを、
吟じ尽くす厳寒秋天の長きを

とするす。

じつは森女は、以前から一休の噂をきいていて、盲目ながらもその姿かたちと仏心のありようを想像し、仄かに慕情を寄せていた。一休もそのことを何となく知っていたが、その後は会う機会がなく、翌文明三年の春に墨吉《すみよし》というところで再会してから深い仲となる。関係をせまってきたのは森女のほうからで、一休は自分への思いを変えずに放浪を重ねてきた森女の一途さに心うたれ、ついにその求めに応じてしまったのだという。あくまでも一休が語ったいきさつだが、『続狂雲集』にはこんなふうにある。

余、薪園の小舎に寓すること年有り。森待者、余が風彩を聞きて、已に嚮慕の志有り。余も亦たこれを知る。然れども因循として今に至る。辛卯《しんぼう》の春、墨吉に邂逅して、問うに素志を以てすれば、則ち諾して応ず。因て小詩を作ってこれを述ぶ。

憶う昔、薪園去住の時
王孫の美誉聴いて相思う
多年旧約即ち急じて後
猶愛す玉堦新月の姿

昔、自分が薪村に住んでいたとき、森女が自分の噂をきいて近づいてきた。どうやら自分が帝王の子孫でもある僧侶であると知って慕情を寄せてくれたらしいのだが、その後会うこともなく一年がすぎた。しかし、この春墨吉をおとずれたときに再会し、きいてみると森女はまだ自分のことを思いつづけているという。自分はその森女の素直な気持ちにうたれ、長いあいだ忘れていた約束を思いおこし、契りを結ぶにいたった。そのときの森女の姿の、何と、玉堦《ぎょっかい》にかかる新月を思わせるように美しかったことよ。

ホンマかいな、と疑いたくなるような一休ののろけ話だが、いずれにせよこうやって一休と森女のつきることない房事の日々がはじまるのである。いちいち引用するのはひかえるけれど、一休の『続狂雲集』には、その後一休が八十八歳で没するまでの、色狂いとも、偏執狂ともいえる盲女森女との淫事がコト細かに報告されている。一休は最晩年の約十年間、仏を忘れ教えを忘れ、ただただ眼のみえぬ三十女の瞽女さんとの肉欲におぼれるのである。

そんな一休の行状にくらべると、なんと良寛と貞心尼の関係の清らかで純粋なことか。同じ坊さんでもこんなに違うのか、と思うほど違う。

それは、一番最初に会ったときから貞心尼が良寛に歌を呈し、すぐさま良寛が返歌し、といった和歌文芸によって成り立っていた仲だったからだろう。良寛は貞心尼の歌を通して貞心尼を見、貞心尼は良寛の歌を通して良寛を見ていたのである。二人の唱和は、手紙でやりとりするよりも、はるばる貞心尼が良寛の草庵を訪れたときにかわすことが多かった。歌を詠《よ》むほうも、歌を受けるほうも、たがいがたがいの姿や顔を見ながら歌想にふけったのである。人と歌とが切り離されていなかったのだ。

しかし、何どもいうように、良寛はもうその頃七十をすぎていた。しだいに足腰もよわり、眼もかすんで、以前のように諸地を転々として子らと鞠つきをすることも少なくなっていた。ひねもす庵で孤独を抱く老僧にとっては、貞心尼の訪問だけが楽しみになってくる。貞心尼が良寛と唱和するだけでなく、日々衰えてゆく老僧の家事の世話や、時々入浴の手伝いまでするようになったのは自然の成り行きだったろう。貞心尼は良寛晩年の、いわば介護ヘルパーをかねた唱和相手となったのである。

こんな二人のプラトニック・ラヴに、「男女の関係があったのでは」なんて妄想を抱く俗人に対して、中野孝次著『良寛　心のうた』はぴしゃりとこう叱っている。

この貞心尼と良寛の関係を見ると、鈴木大拙のことを思い出す。大拙も、八十を過ぎたころまだ二十前の美穂子さんという二世の美しく献身的な秘書に恵まれた。美穂子さん自身、そのことをこう書いている。

「忘れられないことがある。秘書になってすぐ、二人の関係を周りにせんさくされた。耐えきれず大拙に相談した。すると、そうだなぁ、あんたは女で、わしは男だ、とつぶやいたあと、頭を上げて、それがどうしたのかな、と結んだ。超然として濁《にご》りがなく、気にした自分を小さく感じた。とてつもなく大きな器でした」

実にいい話で、大拙の面影が彷彿とするが、良寛もまさにこういった心境であったろう、とわたしは想像する。世の中には良寛と貞心尼との性的関係を疑う人もいるが、これこそみずからの卑しさを以て他を推すの類《たぐい》である。

たしかにそう叱られれば、グウの音《ね》も出ない。

大思想家、大仏教学者鈴木大拙の器とくらべられちゃ、筆者など凡庸人の出る幕はない。「みずからの卑しさを以て他を推す」自分が羞かしいというしかない。

「でもなァ、しょせんこの世は男と女だしなァ」と、まだ疑いを捨てきれないでいる己の卑しさにタメ息が出る。

さて、このへんであらためて、良寛の年譜をたどってみると、良寛（幼名栄蔵）は、宝暦八年（一七五六年）越後は出雲崎の「橘屋」という代々の名主で、石井神社の神官でもあった山本以南の長男に生まれ、明和五年十一歳頃から、西浦原郡の地蔵堂で塾をひらいていた大森子陽という儒学者のもとに通って漢籍を学んだ。将来名主を継ぐための修行だった。ところがようやく見習名主となった十八歳のときに、とつぜん仏門に入ることを決意、名主の家督を弟由之にゆずり、尼瀬光照寺の第十二世玄乗破了和尚の徒弟となり、剃髪して良寛と号するようになる。山本家は代々真言宗円明院の檀家だったが、なぜか曹洞宗の光照寺の門を叩いたのである。「橘屋」の没落とともに、すっかり気力、生きる覇気を失なった父以南は、家出同然の放浪生活をかさね、日夜酒三昧、やがて桂川に身を投じて自死をとげるのだが、そんな山本家の急激な家運の傾きに、長男栄蔵のとつぜんの失踪と剃髪得度が少しも影響していなかったといえばウソになるだろう。

玉島円通寺の国仙和尚が、尼瀬の光照寺に短期滞在したのは、安永八年（一七七八年）のことで、良寛は二十二歳になっていた。国仙和尚は、曹洞宗でも光照寺のような田舎寺ではめったに出会えぬ格上の著名な僧侶だった。光照寺の破了がその末弟だったことから、国仙和尚は越後旅行のついでに同寺の宿坊に三夜ほど泊まったのだが、一目みて良寛はこの国仙和尚の凛とした参禅の佇《たたず》まいに心をうばわれる。一説ではこの国仙和尚と会ったあとに剃髪したともいわれるが、とにかく良寛はこの和尚に一目惚れして、和尚を追い、西海の果てにある玉島の円通寺めざして旅立つのである。

雪深い越後から陽光あふれる温暖な備中にきて、良寛は心身ともに健康をとりもどす。べつに越後で病気がちだったわけではないのだが、円通寺の庭を掃き庫裡の引き戸を雑巾がけしているときなど、何かこれまでの自分にまとわりついていた身垢のようなものが削りとられてゆく気がする。これからはあの気のすすまぬ名主修行からも、父との確執からも、一日とて団欒のなかった暗鬱な山本家の昏《くら》がりからも解放されるのかと思うと、それだけでも心がうきたってくる。

そんなある日、良寛は国仙和尚から一本の杖と一幅の偈頌《げじゅ》を贈られた。

良也愚の如く道転《うたた》寛し
騰々任運誰か看ることを得ん
為に附す山形爛藤の杖
到るところ壁間午睡の閑

もらったのは何の変テツもない裏山で拾ったような木の枝の杖だったが、このような見事な偈頌（仏の徳をたたえた韻文）がそえられると宝物のような輝きを放つ杖となる。

偈頌の文意はかんたんで——「良寛よ、おまえはまだまだ未熟な愚か者にみえるが、おまえが歩こうとしている道は寛《ひろ》い。おまえが体験した騰々任運の真実をだれが看ることができよう。おまえの今日の精進をみて、わしは一本の杖をさずける。これはありふれた自然の山にある木切れだが、この杖は今日からおまえの師となる。この杖をついてどこへでも出かけるがよい。この世の到るところの壁にこの杖を立てかけ、ぞんぶんに午睡《ひるね》するがよい」という意味である。「騰々任運」とはムツカシイ漢語だが、「人生の成否は運に任せて心おどらさせて生きるがよい」くらいの解釈でいいかと思う。

その頃の良寛はまだ二十代の修行僧だったから、尊敬する国仙和尚からもらったこの「教えの杖」に、どれだけ元気づけられたか知れやしない。「良よ、おまえの歩く道は寛い」と悟されただけで、若い良寛は身ぶるいするような勇気をあたえられた。そこには国仙禅師からの教えのありがたさと同時に、備中の風土のもつ人間をつつみこむような温暖な気候の恩恵もあっただろう。良寛は国仙和尚の偈頌に接して、文字通り肩から力のぬけた「騰々任運」の境地を得たのだった。良寛の後半生にある、近所の子らと手鞠あそびしたり、日暮れまでかくれんぼしたりしてすごす牧歌的、かつ悠々飄然とした日常も、すべてはその「教えの杖」にみちびかれて到達した境地から生まれたもののように思われるのだが、どうだろうか。

とにかく良寛は、国仙和尚が寛政三年（一七九〇年）に遷化《せんげ》し、何年かすると、恩師からもらった杖一本蓑笠一つの乞食坊主姿で、四国、九州、中国、近畿への放浪の旅に出る。その頃良寛は三十代初め、その数年前に父は自死し、母も病死し、天涯孤独の身になっていた。

良寛は、実母（道楽者の以南のカゲで苦労のうちに死んだ）の葬儀のとき、一どだけ故郷出雲崎に帰ったといわれるが、それから約十六年間ほとんど越後には近づかなかった。国仙和尚を慕って門を叩いた玉島円通寺を出てからの十数年間も、どこをどうあるいていたのかはっきりわからない。母の死を知り、良寛は遠い放浪先から出雲崎周辺にはもどってきたのだが、生家をあずかる由之には手紙一本出さず、出雲崎近くの国上山中にある五合庵（貞享年間に万元という僧が住み、国上寺から一日五合の米を恵んでもらっていたということからそうよばれた）、すぐそばにあった乙子神社の境内の小舎に住みついて、例の近所の子どもたちと鞠つきやかくれんぼをして暮らすという隠遁生活に入る。

「師父ともに去って、身辺にわかに空豁《くうかつ》を感じて、弟妹の行末も案じられて、そぞろ望郷の念を禁じえなかった」というのが、東郷豊治氏以下研究家が口をそろえるその頃の良寛の心境だが、かつて栄えた「橘屋」の面影はなく、今や廃墟同然となっている生家を守《も》りする弟夫婦にしてみたら、何と無責任な、何と変り者の兄をもったことよ、と嘆くしかなかったろう。

だいいち、遁世するならもっと遠い場所ですればよいものを、生家のすぐ近くの貧乏庵に住みながら顔を出そうとしない良寛に、由之ら眷族はマユをひそめたにちがいないのである。

そんな周りの雑音を知ってか知らずか、良寛は母の葬儀のときに訪れた出雲崎の生家の印象を

来てみればわが故郷は荒れにけり庭も籬《まがき》も落葉のみして

と詠んだ。

ここからは想像だけれども、良寛はおそらく没落したわが家をみて、この世への無常観をいっそう深めたのではないか。いい思い出が少しもなかった生家も、今では荒れ放題の雑草小屋と化している。自分の命もまた、こんなふうに病み衰え、やがてこの世から消えてゆくのだ。ならば自分は、恩師国仙が説いてくれた「騰々任運」の人生をまよわずつらぬいてゆくしかあるまい。荒れはてた生家を捨てるように、これまで生きてきた自分の人生そのものを捨てるのだ。身についた処世の身垢を削り落し、この大自然の理《ことわり》のなかで、あるがままに余生を生きてゆけばよいのだ。良寛はそんな心境にいたったのではあるまいか。

その頃の良寛の暮らしぶりを、橘 崑崙《たちばなこんろん》という人が『北越奇談』のなかでこう書いている。

「出雲崎を去ること三里の郷本という浜べの部落の、とある空庵に、一夕、旅僧が飄然とあらわれて、隣家にことわってそれに入ったが、翌日から附近を托鉢して廻るその様子がまことに殊勝で、諸人ひとしくその奇をたたえ道徳に感じ入った。托鉢でえた食糧にあまるものがあれば、すぐに乞食鳥獣に分け与える。もらった衣服も惜しげなく貧乏者に恵むという態度である。

半年もするうち、どうやら出雲崎の橘屋の以前出家した長男らしい、という風評が立った。そこで筆者の兄の彦山がたしかめようと、その住まいを尋ねて行った。探しあててみると、庵とは名ばかりのあばら屋。柴扉はとざしもせず、あたりいちめんのつたかずら。本人は折あしく不在である。内に入って様子をうかがうと、机の上に筆と硯とがおかれてあり、炉に土鍋が一つかかっているだけ。四囲を見廻すと、壁という壁には、ことごとく書き捨てた詩稿が貼りつけられてある。近寄ってこれを読みくだしてみると、いかにも塵外仙客の情が湧き、胸中清月の思いを生じるのを禁じえない。それらの筆跡は、まごうかたなく見覚えのある橘屋の息子の手である」

（東郷豊治『新修良寛』収載）

崑崙の兄の彦山は、良寛と大森子陽の塾で机をならべていた仲だったので、壁の字が栄蔵のものだとすぐわかった。すぐに実家にいる由之に知らせたのだが、由之がいくら説得しても家には帰らない。こんなオンボロ庵に住んでいないで、せめて衣食足りる生家の炉端で暮らさないかとすすめても、良寛はウンとはいわず、托鉢行乞の生活をつづけたというのである。

良寛研究の一人者東郷豊治が訳した良寛詩につぎのようなのがある。

独りで生れ

独りで死に
独りで坐り
独りで思う
そもそもの始め　それは知られぬ
いよいよの終り　それも知られぬ
この今とは　それもまた知られぬもの
展転するもの　すべては空
空の流れに　しばらく我れがいる
まして是《ぜ》もなければ非もない筈
そんなふうに　わしは悟って
こころゆったり　まかせている

国仙和尚からさずけられた「騰々任運」の精神がわかりやすくこめられている詩《うた》だ。

良寛が分水町国上山の「五合庵」に住んだのは、文化元年（一八〇三年）四十七歳のときで、そこが後半生にかけての「騰々任運」の本拠地となるのだが、物音ひとつしない山中無灯の庵に身をひそめ、鍋の底の粥をすすり、夜があければ一日じゅう托鉢をして回る日々は、良寛僧にとって、国仙和尚の偈頌にあった「人生の成果は運にまかせて自由に心おどらせ生きよ」の教えの実践にほかならなかったのだろう。

そんな良寛の孤独の慰めは、春になって雪がとけて路地に出ると、村の子たちが駈け寄ってきて「鞠つき」や「相撲」や「かくれんぼ」をせがんでくることだ。子らと遊んでいるあいだ、良寛は俗世を離れた「無我」の境地を得ることができた。托鉢の鉢をかかえて帰ってくると、貧しい家の子らに米や衣類をわけてやり、日がとっぷりと暮れてまで子らと遊んで、またとぼとぼと五合庵のヤブレ畳のフトンにもどってくる。

だが、そうした五合庵暮らしも、だんだん年をとってくると難儀になってきた。辛うじて飢えをしのぐ程度の粗末な食生活も、六十路近くになった良寛の身体を急激に衰えさせていたのだろう。子らと遊んで疲れた日など、五合庵へゆくほんの一、二キロの坂道をのぼるのさえつらくなってきた。

文化十三年（一八一六年）、良寛は五十九歳になったときに五合庵を出て、ふもとの乙子神社にある小堂にうつった。ここも間口二間しかないヤブレ小屋で、五合庵よりももっと人家から遠く、薪を取りにゆくのも、水汲みするのにも苦労だったが、なぜか良寛はこの小堂を気に入って、それからの十余年をここですごす。

そこにあらわれたのが、三島郡和島村島崎に住む木村元右衛門という篤志である。元右衛門は日頃から良寛の仏法に共感し、時々庵に教えを乞いに来ていたのだが、老境に入った良寛の健康を気遣って、自分の家のウラに小さな空家があるので、そこに住まわれて自分にお世話させてもらえまいかと申し出る。すると、それまで弟の由之がいくら同じようなことをいっても承知しなかった良寛が、元右衛門の厚意には素直にうなずき、島崎の木村邸の離れに居候させてもらうことになったのである。ときに良寛六十九歳。

そしてその翌年、貞心尼なる良寛の熱烈ファンがあらわれたのだ。

何どもくりかえすが、七十歳の老僧侶のもとに、二十九歳の若く美しい尼僧が通ってくるようになったのだから、それが良寛の晩年にあらゆる意味での活力をあたえたであろうことはまちがいない。

それにしても（またまた中野孝次先生には「自らの卑しさを知れ」と怒られそうだが）、どれほど貞心尼が良寛の仏法や歌心に心酔していたか知れぬが、このような男女の関係が今から約二百年前の世の中にあったというのだから信じられない。前のほうでもいったように、貞心尼は夢中で歌をかわし仏法について語り合ううち、最初の訪問の日に木村邸に泊まっちゃったのである。その日の貞心尼は、憧れの良寛と会った感激と昂奮で頭の中が真ッ白だったのではないか。良寛はそんな貞心尼の猪突猛進をあたたかくうけとめる。それは一にも二にも、貞心尼が良寛を圧倒するくらいの熱情をもって対座し、作歌し、これまで培《つちか》ってきた仏心のすべてを吐き出したからであったろう。十七歳で嫁ぎ、僅か五年で破たんした結婚生活についても語ったかもしれない。貞心尼のワキ目もふらぬまっすぐな良寛への敬愛が、男女の性差をこえ四十歳の年齢差をこえたのだ。

しかし、次に貞心尼が木村邸を訪れたときには、あいにく良寛は不在だった。七十歳になってますます足腰はよわっていたが、それでも良寛は時々は他所に泊まっていた。五合庵や乙子の宮では、夕飯時には早く帰って自炊せねばならなかったが、木村元右衛門のもとに居候するようになってからは、あちこちあるいて自由気ままに作歌できる生活が保障されていた。何日か家をあけても、帰ってくればちゃんと木村家の家人があたたかい膳をつくって待っていてくれる。

貞心尼は「或夏のころまうでけるに、何《いづ》ちへか出給ひけん、見え玉はず。たゞ、花かめに蓮《はちす》のさしたるが、いとにほひて有りければ」という前書きをし

来て見れば人こそ見えねいほもりてにほふ蓮の花のたふとき

という歌をのこして帰る。

遠い福島の里からようようお訪ねしましたのに、あなたはいらっしゃらない。でも、花がめにあなたが活けた蓮の花一輪の匂いが、とても尊く思える。ざっというとそんな歌だろうか。

帰ってきてその歌をみた良寛は、すぐにこう返した。

みあへするものこそなかれ小瓶《おがめ》なる蓮の花を見つつしのばせ

「みあへ」は貴人、あるいは神に飲食のもてなしをすることで、その飲食物をもさす。「しのばせ」は「忍ばせ」で、「しのぶ」は「こらえる」「我慢する」。「何のもてなしもできず申し訳ない。せめて瓶にさした蓮の花でもめでて、それを私からの御馳走と思って我慢してください」——良寛もまた小瓶にさした蓮の花をみながら、貞心尼と会えなかったさみしさに耐えるのである。

「恋歌」の交換は、それから何年にもわたってつづく。

あるときは、良寛が貞心尼の訪問を待ちきれず、福島と島崎のあいだにある与板にまで行って逢瀬をもった。ヨボヨボの托鉢僧が、凡そ十キロはあろうかという山坂をこえて、若い尼僧とのデートをたのしんだのである。貞心尼も良寛が与板にきているときくと、朝から落ちつかずいそいそと出かける。そのとき二人が同宿したのは、与板の老舗酒問屋で良寛と昔から親しかった山田杜皐《とこう》の家で、良寛は日暮れまで貞心尼と語り合い、いざ帰るときに、「日もくれぬれば宿にかへり又あすこそとはめとて」と前書きし

いざさらばわれはかへらむ君はここにいやすがいねよ早あすにせん

それに対する貞心尼の返歌「うたやよまむ手毬やつかむ野にやでむ君がまにまになして遊ばむ」をうけて、良寛はさらにこう返す。

歌もよまむ手鞠もつかむ野にも出む心ひとつをさだめかねつも

専門家にいわせると、このとき良寛が使った「いざさらば」は、じつは貞心尼がよく使っていた言葉で、良寛はそれを意識してワザと使ったのだという。貞心尼が「うたやよまむ手毬やつかむ野にやでむ」と歌ったのに対し、良寛はそれもそのまま「歌もよまむ手鞠もつかむ野にも出む」と歌いこみ、末尾を「心ひとつをさだめかねつも」とむすぶ。「何をして遊ぶかは自由。歌をよむこと、鞠をつくこと、野に出て花をめでること、さて明日、何をして遊ぶかはなかなか心一つにはきまりません」。相手の言葉を取りこむことによって、がぜん返歌に要する時間はスピードアップするし、唱和のリズム感も出てくる。歌格の違いといってしまえばそれまでだが、やはり和歌の道においては良寛は横綱で、貞心尼は入門まもない新弟子だったことが、これでわかるというものだろう。

貞心尼にとって、良寛との対話は、まさしく仏法と和歌の道場に通うにひとしい修行でもあったのである。

だが、そうした二人の「蜜月」にも別れのときが近づいてくる。

天保元年（一八三〇年）の夏、つまり貞心尼と与板の山田宅で会って半月ほどした頃から、良寛の老いはいっそう加速し、老身にいくつもの病をかかえるにいたった。原因不明の腹病に悩まされ、眼ヤニがたまって視力が落ち、一度ねぐらに横たわると立ち上る気力もない。いつのまにか死病（直腸ガンか胃ガン）にかかっていたのである。

良寛は与板で貞心尼と別れるとき、秋になったら今度は私が福島のあなたの草庵を訪れることにしましょうと約すのだが、とてもそれを果たせる体調ではなくなった。その後容態は悪くなるいっぽうで、貞心尼は『蓮の露』のなかで

其後《そのご》はとかく御心地さわやぎ玉はず、冬になりてはただ御庵にのみこもらせ給ひて、人にたいめ（対面）もむつかしとて、うちより戸さしかためてものし給へる由、人の語りければ、せうそこ（消息）奉るとて

そのままになほたへしのべ今さらにしばしのゆめをいとふなよ君

その後心が晴れることはなく、冬になると庵にひきこもって人と会うこともむつかしくなり、内より戸を閉めて寝ているという良寛の消息が伝わってくる。
病の苦しみに耐えしのんでいるあなたは、しばし安息の夢をみることさえつらくなったのですか。これに対し、苦しい息の下から返した良寛の一首。

あづさゆみ春になりなば草の庵《いほ》をとく出て来ませ逢ひたきものを

年がかわり春がきたら、一刻も早くこの草の庵を訪ねてきてください。お会いしたくてなりませぬ。病床の良寛がみる夢は、福島から塩法峠の難所をこえて、編み笠をかしげつつ島崎の木村邸にむかっていそぐ美しい貞心尼の姿なのだ。
だが、暮れが近づくと外は大雪となり、その夢はしょせん叶わぬもの、という諦めが良寛をおそう。

しら雪は幾重《いくえ》もつもれ積らねばとてたまほこの道踏みわけて君が来なくに

雪よ、いくらでもたくさん降り積もるがよろしい。積もっても積もらなくても、どうせこの道を踏みわけてあなたが来てくれるわけではないのだから。

暮れがおしつまると、良寛のガンによる下痢の症状はひどくなり、一昼夜に十度も二十度も厠に這ってゆかねばならぬほどだった。良寛はそんな自らの闘病の苦しさをも隠さず歌にのこす。

ぬばたまの夜はすがらに糞《くそ》まり明かしあからひく昼は厠《かわや》に走りあへなくに

死はもう眼の前にせまっていた。

「まり」は「鞠」ではない。大小便をあらわす古代語「まる」を名詞にかえたもの。つまり、大便のことだ。「あからひく」は、日とか子、君などにかかる枕詞である。夜は夜っぴて下痢に苦しめられ、昼は昼で厠に走ってゆくのもまにあわぬくらいの下痢に苦しめられている私。ああ助けて下さい。

いつからか良寛は薬も食も断つようになった。それをきいた貞心尼は心配して

かひなしとくすりも飲まずいひたちてみづから雪の消ゆるをや待つ

という歌をおくるが、それに返した良寛の歌は

うちつけに飯《いひ》を断つにはあらねども且《か》つやすらひて時をし待たむ

だった。

ことさら食や薬を断って、自ら死のうと思っているわけではない。ただしばらく身も心も休ませて、時期がくるのを待ちたいのだという。

貞心尼は歳の暮れに、良寛臨終の報を木村元右衛門からきいて駈けつけた。良寛は苦悶と歓びのまじった顔を貞心尼にむけて、こう詠《よ》む。

いついつと待ちにし人は来《きた》りけりいまは相見て何かおもはむ

いつ来るかいつ来るかと心待ちにしていたあなたがようやくやってきた。その人を見、その人から自分も見られ、これ以上何も思いのこすことはない。

枕辺に坐った貞心尼は、高熱を発する良寛の額に何ども冷たい布をしぼって当てたことだろう。

「唱和」＆「介護ヘルパー」貞心尼の本領発揮である。日々ひどい下痢に悩まされていた良寛の下の世話をし、洗濯し、炊事して粥をつくる。痩せ細った良寛の半身を抱き上げ、匙にすくった粥を皺ばんだ口をあけさせて注ぎ入れる。貞心尼は庵に泊まりこんで、良寛が死ぬまで、つきっきりで看病した。その献身的な姿をみて、それまで貞心尼に対してかならずしもよい印象を抱いていなかった木村元右衛門以下家人や女中たちも、しだいに頭を垂れるようになった。

心から尊敬し敬まう人との永訣に際して、ただただその人の死の苦しみをやわらげようとし、自らのあらんかぎりの愛情をもって看護する。当り前のことのように思えるが、そうかんたんなことではないだろう。貞心尼はもう歌もつくれない、歌を呈しても返ってくることもない、老いさらばえた恩師の排便の世話をし、口うつしで薬をのませ、ぬくい手拭いで全身を愛おしげに拭いたのである。ときに貞心尼は三十四歳だった。

良寛の死後、由之がおくった貞心尼への感謝の手紙が今ものこる。「病看御あつかひ御苦労可中《もうすべく》もなく忝《かたじけなく》存《ぞんじ》候《そうろう》」。

誰れの眼からみても、貞心尼の良寛への全身全霊をかけた献身ぶりは心うつものだったのであろう。

良寛はそんな貞心尼に手を握られ、天保二年（一八三一年）一月六日、由之夫婦、木村家の人々らに看取られ遷化した。行年七十四歳だった。

城山三郎と妻容子

妻の死と対峙した夫の手記として、読者に深い感銘をあたえる作品の一つに、作家城山三郎が妻容子の死後八年めに発表したエッセイ『そうか、もう君はいないのか』(二〇〇八年一月、新潮社刊)がある。発表したといっても、この作品は城山自身が二〇〇七年七十九歳で他界したあと、主なき書斎から親族の手で発見された未発表の遺稿なのだが、オビにある「五十億の中でただ一人、『おい』と呼べる妻へ——愛惜の回想記」という一文が今も心にのこっている。

城山三郎といえば、東京商科大学予科(現・一橋大学)を卒業後、三十二歳のときに『総会屋錦城』で第四十回直木賞を受賞、その後『小説日本銀行』や『落日燃ゆ』や『黄金の日日』といった数々の名作、傑作を世に問い、日本文学における「経済小説」の分野を確立、同時に戦争と人間、組織と人間をするどく追及してきた反骨硬派の小説家として知られるが、『そうか、もう君はいないのか』を読むと、「こんなに愛妻家だったのか」と、城山がもっていたもう一つの面をみた思いがして心うたれる。しかもそれは、いかにも硬骨作家城山三郎にふさわしい、作家の人生をつらぬいていた「日本の男」の匂いぷんぷんの愛妻家なのである。

そして、ゆかいなのはそれに対して、妻の容子が「天然」というしかない明朗闊達な女性だったこと。『そうか、もう君はいないのか』に書かれている出会いから結婚、新婚旅行にまつわるエピソードには思わず吹き出す。

冒頭で紹介されているのは、もう結婚後十何年かした頃の話だが、お茶の水の講堂でひらかれた文芸講演会にとつぜん前置きなく容子が現われ、演壇で城山がやおら口を開こうとして会場を見渡すと、二階席の最前席にちょこんとすわっているではないか。すると、目と目があった瞬間、容子は両手を頭の上と下にもってきて、ふざけた仕草で「シェー！」。その頃テレビのCMでもヒットしていた人気マンガの登場人物のポーズをとったという。城山は「怒りたいし、笑いたい」「参った、参ったと口走りたい」、それをこらえてようやく講演を終えた、と書いている。容子は日常の生活のなかでも、どちらかといえば生真面目で堅物だった城山とはちがって、そんな茶目ッ気たっぷりの女性だったらしいのである。

そもそも最初に出会ったのは、城山二十二歳、容子はまだ高校生の十八歳のときで、場所は城山が生まれ育った名古屋にある名古屋公衆図書館の前だった。大学生時代、実家に帰ったとき城山はよくこの図書館に通っていたのだが、ある日いつものように出かけてゆくと、なぜか「本日休館」のフダがかかっている。「おかしいな」と途方に暮れていると、オレンジ色がかった赤いワンピースの若い娘が隣にやってきて（「くすんだ図書館の建物には不似合いな華やかさで、間違って、天から妖精が落ちて来た感じ」だったと城山は書いている）、やはり「あら、どうして今日お休みなんでしょう」とつぶやく。それが小山容子だった。

仕方なく、二人はとぼとぼ市電通りを駅まであるいて帰ってくるのだが、その途中、容子が「どこの大学ですか」と城山にきく。しかし、「ヒトツバシ」という大学名を容子は知らなかった。城山が海軍から復員してきた当時、「一橋」は「東京産業大学」という校名で、まだ「一橋大学」という綜合大学になったことは世間にあまり知られていなかったからだが、城山がたまげたのは、次につづく会話だった。

「卒業されたら、会社員になるのですか？」ときくので、「就職するつもりはなくて、行く行くは筆一本で生きたいと思っています」と答えると、容子はびっくりしたような顔で立ち止まって城山の顔を見直し

「筆で！」

と念を押すように確かめたあと、「そうなの」とつぶやいて黙りこんだのだ。

城山はそんな容子の反応を、「筆一本で暮してゆく作家生活の不安定さ」を案じてのことと解

釈したのだが、何と容子は、たまたま無二の親友が名古屋の筆問屋の娘で、いつも商売のきびしさをうったえていたために、筆を売って身すぎすることの困難さを想像して押し黙ったらしいのだ。

それと、城山は勝手に容子を「学校の勉強だけでは満足できず、図書館にきて本を読んでいる熱心な読書家」と思いこんでいたのだが、あとできいてみると、その日は高校の運動会をさぼっての時間潰しと、たまった宿題をやるために初めて図書館にやってきたのだそうで、じつのところその日図書館が「臨時休館」だったことにもそんなにショックをうけていなかったというのだ。

けっきょくその日は、通りかかった映画館で評判のアメリカの音楽映画をやっていたので、二人でそれをいっしょに観ることになる。映画が終ると喫茶店に入って、映画の感想などを語り合うが、そのときに城山はポケットに入れていた日本史の本を容子に貸す。その段階では、城山はまだ容子のことを「休館の図書館にまでやってくる本好きな娘」と思いこんでいたのである。

あらためて正面から容子の顔をみると、庶民的ではあるが、案外整った顔立ちをしている。城山はこのまま会えなくなるのが残念で、図書館で再会することを約束し、彼女のアドレスと電話番号を手帳に書きつけていると、ジャンバー姿で眼つきのするどい城山にむかって

「あら、刑事さんみたい――」

ところが、その頃はまだ終戦後十年くらいしか経っておらず、司法や警察の力が一般人の生活に無神経に立ち入ってくる時代だった。教師や一部の父兄によって構成された「教護連盟」なる組織（今でいう非行防止パトロールのようなもの）が、街などをあるく学生、生徒らの挙動を監視していたのだ。映画の帰りにお茶をのんだだけなのに、「刑事さんみたいな」城山はよほど怪しい男にみえたらしく、尾行されたあげく、容子の家を連盟員が訪ね、父親に「娘さんが変な男につきまとわれている」と通告されてしまう。

そのため、二人は約束した再会の日が近づくと、デート場所を図書館から、広小路通り沿いの小さな公園に変更したりしたが、その日緊張した顔でやってきた容子は、城山に「もうお会いできません」といって、父親から書かされたと思われる「今後二度と会わぬだけでなく、手紙や電話なども一切せぬように」という絶交状を手渡す。

つまり、城山と容子はたった一回映画を観ただけで、会うことまかりならぬ仲にされてしまうのである。一どだけの偶然的な出会いではあったが、城山は心のどこかで容子を将来の伴侶にと期待していただけに、その落胆は大きかった。

しかし、奇跡がおこった。

昭和二十七年春、城山は大学を卒業し、父親から「家業の商いは継がなくていいから名古屋にもどってくるように」といわれ、隣の岡崎市にある国立愛知学芸大学（現・愛知教育大学）の専任講師となる。当時としてはエリートに属する、国家公務員であり文部教官という安定した身分となったのである。当然ながら、あちこちから縁談がもちこまれ、どれもが自薦他薦の「美人」や「良家の子女」ばかりだったのだが、城山は何となく気がすすまず、断わってばかりいた。将来「筆一本」で暮らそうとしている自分の伴侶がそうかんたんにみつかるとは思っていない。それに、その頃の城山の心には、あれから別れたままになっている容子の存在がまだ完全に消えずにのこっていた。

だが、ある日のこと、名古屋に赴任してきた一橋の同期生が十人ほどあつまって市内でビールをのみ、そのあとダンスホールにくりこんだのだが、そこで他の男性（城山と同年輩だった）と踊っている「妖精」を発見したのである。そして、容子は城山と眼を合わすと、あの愛くるしい笑顔をみせて懐しそうに会釈してくれたのだ。

バンドが交代して休憩に入ったのを機に、城山は勇気をふるって

「二人で踊りませんか」

と申し出る。それまでのダンスの相手は、知り合いの銀行員だったそうだが、そんなことはもうどうでもよい。

ダンスするなかで、容子は「いまの私の勤め先なの」といって、電話番号のメモを渡してくれた。父親からは今もって手紙や電話は絶対ダメと絶交を言い渡されている身だったが、勤務先に

なら知られることはない。

翌日、さっそく城山は会社に電話。

「M社の秘書課です」

と、まぎれもない容子の声。

デートの日時と場所を伝えると
「はい、かしこまりました」

会社の取引相手に応えるように容子は返事する。

かくて「妖精」と「刑事さんみたいな男」との交際は復活したのである。

とにかく、秘書課なので、電話をすればかならず容子に通じる。これからは、だれに気がねすることなく、自由にデートすることができるのだ。城山はそのときの心境を、「天の配剤」「世界が一気に明るくなった」と書いている。

それからの、二人の結婚へのトントン拍子の発展ぶりは、『そうか、もう君はいないのか』を丸写しするのが、一番早い。


ある日、母と街を歩いていると、すれ違った若い女性が、顔を染めて会釈する。

「あのひとからも、縁談がきてるのよ」

「うーん」

そんな会話から、母は私の心中に気づいて
「おまえ、きっと好きな娘さんが居るんでしょう」

迫られて、私は、容子のことを白状した。少々せっかちなところもある母だが、縁談を断わり続けるのに、うんざりしていたのか、これはいい話と思ったのか、アドレスを頼りに、早速、先方の家へ訪ねて行った。

当時の名古屋では、結婚は本人同士というよりも、家と家。

お見合いはもちろんだが、縁談があると、仲人や縁者を通しての情報収集、いわゆる「聞き合わせ」を重ね、仲人が間に入って、話を進めていくのが普通であったが、私の母はそうした名古屋的手続き抜きで、私の告白を聞くといきなり相手の家に素っ飛んで行った。

幸い、相手の父親は、東京生まれの東京育ちの上、ハルピン、大連などの外地暮らしが長く、話が早い。若い日には、当時としては珍しいオートバイを乗り廻していたりしたというだけに、母のそうした「飛びこみ」が気に入って、話は一気にまとまってしまった。

「悪魔の辞典」などを著したアメリカの作家アンブローズ・ビアスによると、「人間、頭がおかしくなると、やることが二つある。ひとつは自殺。ひとつは結婚」なのだそうだが、私も容子も、頭がおかしくなっていたのかどうか、結婚に躊躇《ちゅうちょ》はなかった。私が二十六歳、容子は二十二歳のときのこと。

今でいえば、まさに「スピード婚」のはしりだったろう。城山と容子は再会後わずか半年ほどの交際で、晴れの結婚式をあげるにいたるのである。

式は市営結婚式場で安価に済ませ、披露宴も省き、そうして浮かせた金で、九州の「三島めぐり」という新婚旅行に出かける。鹿児島、桜島、霧島など、島がつく南九州の三ヶ所をめぐる旅で、当時では人気ナンバーワンのハネムーン・プランだった。

そこで展開される失敗談、大笑いの出来ごとをあげたらキリがない。

まず、挙式じたいは滞りなく済んだのだが、容子の父親が「せっかくたくさんの客人にきてもらったんだから宴会ぐらいはしなければ」と言い出し、式の途中で馴染みの高級料亭「円庄」に電話をかけ、急に宴会をひらくことに。花嫁の容子は、すすめられるままに友人や親戚一同から祝いの盃をうけるうちグッタリ。そのまま東海道線で新婚旅行先の京都に向ったが、宿についてもまだ容子はフラフラだった。それでも何とか初夜の契りをむすんだものの、敷布団に初めての交わりのアトをのこしてしまい、いい宿だったのに、この宿はその後二どと泊まれぬ宿になってしまった。

京都泊の翌日は九州へ。

ハネムーンコースをまわって別府に着いた。学生時代から大の動物好きだった城山は、別府温泉の猿山に大よろこびだったのだが、人慣れしている野猿がベンチのそばまで寄ってきて、帽子をかぶっておすまししている容子の横にすわって一休み。その先に、何か興味をひくものがあったらしく、同じ角度で視線を遠くへ投げている。頰と頰を触れ合わさんばかりの近さで……。

けっきょく、ふだんから機械オンチで、写真を撮るのも撮られるのも苦手という城山が、九州旅行中にカメラにおさめたのはこの一枚だけで

「まるで私、お猿さんと新婚旅行に行ったみたい」

のちのちまで、容子はその写真をみてタメ息をついていたという。

以上のような「妖精」と「刑事みたいな男」のロマンスが、ことのほかほのぼのとした人間臭をもって伝わるのは、いっぽうにおいて城山三郎という作家が、作品中にきわめて硬質な「正義」に対する矜持、「時世に媚びず、おもねず、一志をつらぬいて生きる人間の崇高さ」というものを書きのこした作家であるからだろう。

たとえば、昭和恐慌のなかで緊縮財政を断行し、軍拡を阻止しようとした「ライオン宰相」こと浜口雄幸と、その盟友の大蔵大臣井上準之助に焦点をあてた一種の政治小説『男子の本懐』は、軍の暴走に歯止めをかけるべく、金の輸出解禁、赤字国債出さずの政策をとった二人が、軍や右

翼の恨みをかって、やがて至近距離からの凶弾にたおれるまでの運命をたどった物語だが、城山はそこでも「人間がスジを通して生きる」「自己を律することができるのは自己だけである」という、群れのなかにあっても己を失なわない人間の志の気高さを讃えている。

また、事実上の文壇デビュー作となった『総会屋錦城』は、総会屋の元老といわれた内藤錦城を描いた小説で、病臥をおして大洋銀行の株主総会で「与党総会屋」の陣頭に立った錦城が、総会半ばでとつぜん立ち上って緊急動議を提案、対抗する総会屋・扇山組の動きを封じる。総会が終ってまもなく錦城は危篤におちいり、枕元に寄り添う妻のモトではない、ある芸者に産ませた一人娘の到着を待ちわびつつ息をひきとるのである。城山三郎はここでも、やはり「一人の職業人として、一人の男として生きぬいた人間の姿」を語ってやまない。

ほかに、戦争と人間をつきつめた佳作の一つに『指揮官たちの特攻』がある。還らぬ出撃をした二人の青年指揮官の青春をとりあげた小説だが、この作品でも城山は、時代の不条理に翻弄されながら、自らに科した正義にまようことなく殉じようとした「人間の精神のあり方」をえがいている。

日本軍が真珠湾を攻撃する直前の昭和十六年十一月、海軍兵学校を卒業した四百余名の若者のなかの二人、関行男と中津留達雄は育ちも性格も対照的だったが、関は特攻隊第一号にえらばれ、中津留は最後の特攻兵として、ともに新婚の若妻をのこしてフィリピン、沖縄の空に散る。昭和十九年十一月、「零戦の編隊を指揮し、はじめての体当り攻撃を決行せよ」という軍部からの命令をうけ、「日本もおしまいだ。僕のような優秀なパイロットを殺すなんて」という無念の一言をのこし、還らぬ出撃の先頭に立った関。温厚な人柄で部下にも慕われていた中津留は、出撃後すでに戦争が終わっていることを感知し、上官の突入命令を無視して左に急旋回、近くの岩礁に突っこんだ。つづく僚機も、中津留機にしたがって水田に突入。この英断によって、日本軍は戦争終了後の騙し撃ち攻撃の汚名を免れたという。

そんな戦後日本の「男の文学」「正義の文学」の代表的作家ともいえる城山三郎の、現実の私生活における伴侶が、容子という天真爛漫にして童女のような性格をもった女性だったことに、何かホッとする思いをもつのは筆者だけではないだろう。

前にものべたように、初めて出会った頃から容子は城山が思うほど「読書家」ではなかったのだが、夫である城山の小説にもあまり興味をしめさなかったようである。城山は容子と結婚してまもなく、「輸出」という商社マンの実態をえがいた小説を『文学界』新人賞に応募して受賞するのだが、その前年に名古屋の同人誌『近代批評』に初めて「生命の歌」という小説を書いている。それを容子が読んで、一言「泣けたわ」という感想をもらした。城山はこの言葉におおいに励まされるのだが、容子が城山の作品を読んだのは、あとにも先にもこれきりだったという。「輸出」で『文学界』誌の新人賞をとったときにも、傑作なエピソードがある。

じつはこの「輸出」は、ペンネーム「城山三郎」を使って書いた最初の小説だった。城山の本名は「杉浦英一」といったが、名古屋界隈には「杉浦姓」が多く、またすでに文壇には杉浦明平《みんぺい》という先輩の作家がいたことから、考えたすえペンネームを「城山三郎」にしたのだが、これはたまたま、二人めの子が生まれたのを機に引っ越したところが、名古屋市の東の外れにある通称「城山」（織田信長の出城があった）とよばれる地域だったことから付けたものだった。

その「城山三郎」名で投稿した「輸出」が新人賞にえらばれたときの話が、『そうか、もう君はいないのか』に出てくる。

投稿して二、三ヶ月たったある夜、文藝春秋社から「『文学界』新人賞に決定しました」という電報が来た。

ちょうど私は風呂に入っており、容子が電報配達の男性に、

「シロヤマ？　うちにはそんな人いませんけど」

と応えている声が聞こえた。あっと思っていたら、風呂の戸が開いて、容子が不審そうな顔つきで、

「何か電報が来て、シロヤマサブロウって人がこの住所にいるはずだって言うんだけど、そんな人、聞いたことないわよねぇ？」

容子は、私がそんな名前で小説を書いたことも知らなかったわけで、いくぶん呆れ顔になった。容子が確かめに来なければ、出版社も連絡のとりようがなく、「受賞者存在せず」ということになりかねなかったのでは。

喜びはともかく、容子を嘆かす事態は更に続いた。

文学界新人賞発表の翌夜のことである。中学時代の親友二人が「祝い酒を」と誘ってくれた。その一人は同人雑誌などに属している文学青年でもあった。

広小路かいわいの飲み屋を巡り、三軒目の店に入ったところまではおぼえているが、私は飲み過ぎ、飲まされ過ぎて、ダウン。きれぎれの記憶では、タクシーに乗せられて運ばれ、玄関先へまるで荷物でも放り出すように置かれたのが、次のシーン。

友人二人は、急ぐというより、何か慌てた感じで、そのタクシーで帰って行ったということだが、私は文字通りの前後不覚。

酔い潰れて帰ったのは、結婚以来はじめてのことであり、呼吸が荒いというか、息も絶え絶え、やがては停まりそうな様子に、容子はあわてて医者へ電話したが、通じない。

「あのときは、本当にもう駄目かと思った」

と、彼女は思い出しては、溜息をつく。

とにかく、ただならぬ容態に、医者の助けを求める他は無いが、深夜とあって、医院へ何度かけても電話に出てくれない。

そこで彼女は乳呑児を背負って、寝静まった深夜の住宅街を走り、市電で一駅ほどの距離にある医院のドアを叩いて、哀願。

その切迫した様子に、医師は着替えて往診に来、手当てをしてくれたが、

「よかった、よかった。意識どころか、生命まで失なうことになったかも知れん。奥さん、もう二度とこんなことさせないように」

と、強く念を押して帰って行った、という。

「背中の子は泣く。私も泣きたかった」と容子。

それが文壇への第一歩の夜であった。


当時城山は三十歳ちょっと、「若気の至り」という言葉があるが、日頃はけっしてそんな不用意な酒の飲み方をしない城山が、この夜だけは同じ文学で苦労する仲間からの祝い酒でもあったので、思わずハメを外してしまったとみえる。この一見他愛なく思える容子、新米作家城山三郎夫婦の「記念すべき一日」に、筆者はなぜかしみじみとした感動をおぼえるのである。

その頃、とにかく容子は忙しかった。

名古屋市の中央街にあった城山家の家業は老舗の「インテリア業」で、住み込みの店員五人の

他に通勤の職人、使用人が何人もいた。繁忙期に手が足りなくなると、インテリアの塗装仕事まで手伝わなければならなかったし、大人数の三食の台所はすべて義母と容子に任されていた。その他に一般の嫁仕事にあたる炊事、洗濯、掃除。結婚後二年もすると夫婦には長女が生まれ（生後三ヶ月で他界した）、追うように義母が鬼籍に入った。義母の死後今度は男の子を授かる。乳呑児を背負った容子の、商家の主婦としての仕事はだんだん増えていった。

加えて、城山の父は城山に輪をかけた大の動物好きで、家の庭には幅三メートル余もの大きな池があり、そこには金魚や鯉のほか、亀や鮒などが放されていた。長男の城山が兎年だからというので、やがて兎も放し飼いをはじめ、二階には背丈以上の大きな鳥小屋をつくって、カナリヤやオウムのほか大小さまざまな鳥を飼い、その世話もまた容子の仕事になったわけだから、彼女は朝から晩までてんてこ舞いだった。

容子には、夫の小説なんていちいち読んでいるヒマはなかったのである。

二人が名古屋の家から、たまたま城山の妹夫婦が住んでいた神奈川県茅ヶ崎の一戸建てに引っ越したのは、「輸出」を書いた一九五一年暮れのこと。翌々年、城山は『総会屋錦城』で直木賞を受賞する。同じ年に次女の紀子が誕生し、『小説日本銀行』『成算あり』『落日燃ゆ』『毎日が日曜日』など立てつづけに話題作を出版、一九六三年に愛知学芸大学を退職した城山は、ようやくかねてから夢みていた「筆一本」の作家生活に入った。七八年に発表した『黄金の日日』は、その年のNHK大河ドラマの原作となった。

生活が落ちついてくると、城山はよく取材旅行に容子を伴うようになった。とくに『彼も人の子ナポレオン』を書きはじめてからは、取材の範囲がヨーロッパ内外にひろがり、そこにはかならずといっていいほど容子が同行した。原稿に忙殺される城山にとって、趣味で始めた空手（黒帯までいった）の稽古と、時々茅ヶ崎の海へでて泳ぐ時間が唯一の息ぬきになっていたが、天真爛漫な童女のような容子と歩く取材旅行も、大いなる休息と解放感をあたえるものだった。

ふだんからほとんど「夫婦喧嘩」をしたことがないという夫婦だったが、旅に出ても仲が良かったらしい。

よく一緒に旅に出たが、旅先での喧嘩も皆無と言ってよかった。

というのも、旅先での夫婦の行動範囲が全くと言ってよいほど違っていた。

取材などがあって、私が「旅に出るが、来るか」と問うと、いつだってすぐに容子は「行きます」。それはいいのだが、しかし行き先の国や土地について、彼女が何か口にした記憶がほとんどない。

「旅が好きっていうけど、どこにでも行きたい、というのは旅好きでも何でもないんじゃないか」

いつか、そう訊いたら、

「だって、家事しなくていいんですもの」

という一種の名言。

「家事しなくて済む」から旅に出た容子は、名所、旧跡など眼中に無く、お値打ちな土産物買いに廻る。

私は私で、興味を持った旧跡や名所を一つ二つ見れば沢山。後は、ホテルで土地の新聞雑誌を読んだり、ビールやワインを飲む。

何のための夫婦旅と言われそうだが、三食はいつも一緒というだけでも満足。

二人でオーロラを見に出かけたことも。

以前から一度はオーロラをわが目で見てみたかった。アラスカのフェアバンクスに行けば、年間二百五十日もオーロラが出ているというので、一週間も滞在すれば大丈夫だろうと旅程を組んだ。

たしかにオーロラは出ていた。その証拠というか、オーロラの磁気がグラフに記録されていくのも見た。しかし、オーロラそのものは目には見えなかった。愉しみにしていた夜になっても、あたりは明るいまま。夏のことで、アラスカは白夜があった。これでは見えるわけがない。私は呆然とした。

現地の人が気の毒そうに、

「冬に来れば確実に見られます。きれいですよ」

しかし、私は寒さに弱いから、この時期に来たので、ついに生涯オーロラと縁はないのか、と諦めざるをえない。

それにしても、いくら理科系に弱いとはいえ、闇になる時間がほとんどない白夜の季節に、はるばるオーロラを見るためアラスカに来るなんて——。

時間も費用も、大きな無駄。容子自身、理科系に弱かったにせよ、「全く、あなたという人は——」と、呆れられたり、愚痴を言われておかしくないところだが、その種の反応は皆無で、

「あら、そうだったの。残念ね」

と言っただけ。

あまりに呆気ない反応に、こちらが拍子抜けした形であった。

この「オーロラ見物」には続きがあって、『そうか、もう君はいないのか』にはこんな場面も紹介されている。

それから二、三年後、家内とともに夜行便でヨーロッパへ。

夜がふけると、機内のライトは弱まり、乗客は、眠りの中へ。

その中で、私だけが読書灯をつけ、本を読んでいた。

読書灯は隣席とのちょうど中間の天井にあり、ふつうなら隣席の客に遠慮して、灯しにくいものだが、隣席が容子だから、できること。

「本を読むのは、あなたの仕事」と、彼女は眠りこんでいる。

そして、どれほどの時間が経ったであろうか。足音をしのばせるように、スチュワーデスが巡回してきて、小声で教えてくれた。

「お客さま、窓の下にオーロラが出ています」

窓のシェードを開けた私は、慌てて容子を起こした。読書灯を消し、夫婦で顔をぶつけんばかりにして、下を見た。

二人とも、声が出なかった。

この世の物とは思えぬほど、美しく巨大な光の舞い。

色と輝きを刻々変えながら、空いっぱいにのびやかに、光の幕はゆれ動き、舞い続ける。それも、ふと伸ばした手が届いてしまうような距離で。

まるで私たち夫婦のためにのみ、天が演じてくれている。

私たちは手を握り合い、夫婦で旅してよかったと、あらためて胸を熱くした。


個人的な感想だが、筆者は夫婦が初めてオーロラを見るこの場面がとても好きである。『そうか、もう君はいないのか』のなかで、もっとも筆者が心うたれる場面といえるかもしれない。それが、広い機内にそこだけぽつんと点いた読書灯の下で展開されている光景であるのも好ましい。

この頃になると、子どもたちはそれぞれ独立して離れ、城山の執筆も軌道にのり、夫婦にはようやく平穏で安定した二人だけの生活が訪れていた。取材をかねた各地への夫婦旅も、「筆一本」で生活をささえることができるようになった城山三郎の「文学」の収穫であった。そんな時期に、夫婦は読書灯を消した暗い飛行機の窓から、念願だったオーロラを見るのだ。たがいに手を握り合い、顔をぶつけんばかりにして。筆者はこの場面を読むたびに、妻容子に芯から愛情をそそいでいた城山三郎の喜びを想像して、しぜんに胸があつくなる。

世にある数多くの「夫婦」たちが、等しく夢えがく理想の夫婦像の形がここにあるといっていいのではないか。

しかし、運命は残酷だった。

一九九九年八月に『指揮官たちの特攻』の取材をかねてヴァンクーバーに旅行した頃から、容子がしきりと身体の変調をうったえるようになった。町を歩いていてもいつもの元気がなく、すぐにベンチに座りたがる。食欲もない。帰国してからも、台所仕事が終わると、「ぐうたら婆さんでごめんね」などと謝りながら長椅子に横たわってしまう。日頃から血圧の高かった容子は、三年ぐらい前から茅ヶ崎駅前の循環器系統の医院で検診をうけていたのだが、そこでの診断はさっぱりラチのあかないもので、まさか深刻な病気が進行しているなどということを城山は想像もしていなかった。

そして、それはあまりにも急だった。

ヴァンクーバーの旅から帰って僅か三ヶ月後、容子が末期の癌に罹っていることが判明する日がやってくる。

駅前ビルの医師は諦め、それ以前からかかっていた、親切で温和な町医の許へ。

そこで、容子は診察されるなり、それまでになく暗い、きびしい表情で、最新の検診設備などが完備している徳洲会病院で、一刻も早く精密検診を受けるよう、忠告というか、警告された、という。

そして、その日、いつものように駅前のマンションにある仕事場へ出た私は、徳洲会病院にも近いことから、そこで、彼女の帰りを待つことになった。

ほぼ一日たっぷりかけての検査。
七、八分は癌と、覚悟する他はなかった。それを彼女の口から告げられたとき、私は何と応じればよいのか。
慰めようもない。せいぜい、「医学は進んでいるから、心配することはないよ」くらいしか言えない。いや、悲痛な彼女を眼前にして、それさえ口にできぬ気がする。

では、何と言って……。

机に座り、原稿用紙に向かいながらも、落ち着かぬ何とも言えぬ、いやな気分であった。

他人については描写したことがあっても、私自身には、何の心用意もできて居らず、ただ緊張するばかりであった。

長い時間、あれこれと悩んだだけで、何の答えも出せずにいると、私の部屋に通じるエレベーターの音がし、聞きなれた彼女の靴音が。

緊張し、拳を握りしめるような思いでいる私の耳に、しかし、彼女の唄声が聞こえてきた。

こちらがこんなに心配しているというのに、鼻唄うたって来るなんて、何というのんきな――と、私は呆れ、また腹も立ったが、高らかといっていいその唄声がはっきり耳に届いたとき、苦笑とともに、私の緊張は肩すかしを食わされた。

私なども知っているポピュラーなメロディに自分の歌詞を乗せて、容子は唄っていた。

「ガン、ガン、ガンちゃん、ガンたららら……」

癌が呆れるような明るい唄声であった。

おかげで、私は何ひとつ問う必要はなく、

「おまえは……」

にが笑いして、重い空気は吹き飛ばされたが、私は言葉が出なかった。

かわりに両腕をひろげ、その中へ飛びこんできた容子を抱きしめた。

「大丈夫だ、大丈夫。おれがついている」

何が大丈夫か、わからぬままに「大丈夫」を連発し、腕の中の容子の背を叩いた。

こうして、容子の、死へ向けての日々が始まった。


何という容子の「天然」ぶりだろう。

癌の告知をうけて帰ってきた日、容子は靴音を軽快にひびかせ、有名なポピュラー音楽のリズムに「ガン」という替え歌の詩をのせて、城山の仕事場へやってきたというのである。

もちろんそこには、夫の城山になるべく心配をかけまいという気持ちと、自らを励ます思いがあったにちがいない。しかし、容子が明るく気丈にふるまえばふるまうほど、城山はつらかった。ただただ城山は、腕の中に飛びこんできた容子を固く固く抱きしめるしかなかった。「大丈夫、大丈夫」、何の根拠もない「大丈夫」という言葉をくりかえすしかなかったのだ。

もし自分が同じ立場に立たされたらどうするだろうと、考える読者は多かろう。もし自分の妻が末期の癌を宣告されて帰ってきたら、自分はどうやって相手の不安を慰め、病の恐怖をやわらげればよいのか。大半の夫は、城山がしたのと同じように、愛する妻を抱きしめるしかないのではなかろうか。城山のように、ただひたすら妻にむかって、「大丈夫、大丈夫」という言葉を発するのが精いっぱいなのではないだろうか。

そこには、直木賞作家の城山三郎でも、文学界に数々の経済小説や社会小説を発表してきた文士城山三郎でもない、ただ病に罹った妻容子の身体を抱きしめるしかない一人の無力な夫の姿があるだけなのだ。


容子の希望を病院に伝え、手術はしない、抗癌剤も使わない、ただ「効きそうだ」と本人が望むワクチンやサプリメント類は用いる。入院もせず、定期的に通院して、注射などをするだけ。そう決まった。

慌しいような、虚ろで、時間が止まったような十月、十一月が過ぎた。私と容子は、表面上、とりたてて何かを話すこともなかった。後で聞くと、九月末の段階で、鎌倉に住む娘と、ニューヨークから一時帰国した息子には、「三ヶ月もつか、どうか」と告知がなされていた。容子には、「癌だけど、治そうね」とだけしか言えていない。

十二月も半ばになって、容子が気にしたのは、体調や通院のせいで、毎年のお歳暮を手配していないこと。一家を差配する主婦らしい心配であった。

十五日、「そんな体調でわざわざ……今年は失礼させて貰ってもいいんじゃない?」と反対する娘をお供に、東京日本橋のデパートまで出かけた。あれこれ手配して、「疲れたわ」と言いながらも満足そうに帰宅。これが自分の意志での最後の外出になった。

翌日夜、台所に立つ容子の様子が変で、声をかけた。

「どうした?」

「うーん、ちょっとトイレに行くわ」

トイレに入るなり大きな音。駆け寄ると、容子が意識を失って倒れていた。

急いで救急車を呼び、娘に連絡する。救急指定でもある徳洲会病院へ運ばれる。夜間受付には、医師や看護師、何人ものスタッフが待ちかまえていてくれ、運び込まれた容子を、文字通り走り回り、血眼になっての応急処置。ああ、これだけの人たちが一所懸命にやってくれているのだから、もし、今夜このまま、容子がもう助からなくても、やむを得ないんだ。一瞬のことであったが、私ははじめて、そんな覚悟をしていた。

応急処置が小休止して、医師から説明を受けた。癌の病勢と関係があるかないかは分からないが、おそらく脳血栓。しかも心肺停止の状態だという。

　その夜、容子の意識は戻らなかった。いや、医師によると、九割がたは心肺停止状態のままだろう、と。奇跡的に心臓が動きはじめても、意識は戻らず、植物状態になる可能性が高い――とも。


　ついこのあいだまで、容子は元気だったのである。城山の取材旅行に同行し、海外のあちこちで買い物や観光をたのしみ、天使のようにはしゃいでいたのである。ときどき城山を呆れさせる子供のような行動をとって、それが仕事に疲れた城山を慰めてくれていたのである。

　その容子が、とつぜん病にたおれ呼吸することさえ困難になっている。このままでいれば、たとえ死ななくても、植物人間状態になる可能性があるという。こんな不条理なことがあるだろうか。現実に直面した城山がどれほどの焦燥と絶望におそわれたか想像するに難くない。どんな夫婦にも、どんな人間にも、かならずやってくる死別の時だが、まさか自分たちにそれがこんなに早く訪れるだなんて、神サマ、それはあまりに残酷な仕打ちじゃありませんか。城山はそう叫びたかったにちがいない。

　容子が意識不明に陥った翌十七日、城山はＮＨＫテレビの年末番組「総理と語る」に出る約束をしていた。官邸で小渕恵三総理大臣と対談をする番組だった。ふと城山は、「東京に行って収録をしているうちに、容子は死んでしまうのではないか」という恐れをもつのだが、今更スケジュールを変更するのは困難だという。いったん引き受けた仕事ではあったが、城山にしてみれば総理なんかと話をしている場合ではなかったのである。

すると、一昨日日本橋のデパートで容子といっしょにお歳暮の手配に出かけた娘が、そのことを知っていて

「お母さんは、自分の病気が篤くなっても、お父さんがきちんと仕事できるかどうか、とても気にしていた。十七日に『総理と語る』があることも言っていたわ。こんな急に穴をあけたら、テレビ局の人たちだって困るでしょう。お母さんのためにも、ちゃんと行ってきて」

そういう。

城山は呼吸器をつけて眠る容子の顔をみつめ、これでお別れだ、とつぶやき、東京に向かう。対談は、ほとんどが総理がしゃべり、城山は終始むっつりしてそれをきいているといった番組になったという。

が、二日後に、容子の意識が奇跡的に回復する。目を開いた容子は、顔をのぞきこんでいる娘に、開口一番こういった。

「パパ、行ったの?」

「行ったわ、きちんとスーツ着て」

と娘が応えると、容子は心底ホッとしたような顔になった。

社会的にどんなに尊敬され評価されている文学者であっても、妻容子にとっては「心配で心配でならない夫」なのである。一人で背広を着て、ちゃんと総理と会って仕事を済ませてくるかどうかが心配でならない「幼稚園坊主」なのである。

意識をとりもどしたとたん、まず口をついて出たのが「パパ、行ったの？」という言葉だったことに胸が灼くなる。重篤な病床にありながら、容子はまだ心のどこかで「この人には私が従《つ》いていなければ」という思いをもっていたのだろう。

だが、そんな容子と城山三郎にもついに永遠《とわ》の別れのときがやってくる。

息子と娘に告知された余命三ヶ月を越して、容子は新年を迎えることができたが、状態の悪い日が多くなってきた。

私は一日に二度病院へ行き、一緒に夕食を食べた。食事を容子の口元まで運んであげ、他愛のないお喋りをする。そして、こういう時間ができるだけ長く長く続くように、なにものかに祈る。そんなことしかできなかった。

二月に入ると、衰弱が目立つようになり、やがて起き上がれなくなって、モルヒネも使うようになった。ああ、もう別れるんだ、本当におしまいなんだ、と覚悟した。

二〇〇〇年二月二十四日、杉浦容子、永眠。享年六十八。


人間の命はつくづくあっけないものだと思う。

ほんの半年前は、城山の取材旅行に「行く、行く、行く」とはしゃいで従いてきて、笑顔をふりまいていた容子が、あっというまに逝《い》ってしまったのである。死んでしまったのである。世の中にこんな悲しい、こんなせつないことがあっていいものだろうか。

しかし、これが現実なのだ。城山はそんなに短い命なら、容子にこうもしてやればよかった、ああもしてやればよかったと後悔をつのらせたにちがいない。あそこにもつれて行ってやりたかったし、ここにもつれて行ってやりたかった……。

回想記『そうか、もう君はいないのか』の最後には、こんなシーンが出てくる。


ニューヨークから息子が帰ってきた。母の容態を心配して、というより、いざというときには間に合わぬ外国勤務。休みを取れるときに取って、最後に一目会っておこうとして。

為替の変動が激しかった日など、ディーラーの彼は、テレビの衛星中継に出て、解説をすることがある。「今度はいつ為替が変動するかしら、それを愉しみにしているから」などと、他愛のない、けれど大事な気もする会話。そして容子は実際、息子が次にテレビに出たのを病室で私と見て、「ああ、元気そうね」と喜んだ、まさにその日に息を引きとることになる。

息子は何日か病院に通いつめ、今日はニューヨークへ戻るという朝。

きっと息子も、これが別れの挨拶になると感じながら、孫の話などをし、やがて出発の時間に。

息子と、そこまで見送ろうとした私が病室を出ようとした瞬間、容子が明るい、大きな声で呼び止めた。

突然、容子がベッドに身を起したかと思うと、降りるというより滑り落ちた。

何事かと驚くまでもなかった。

次の瞬間、容子は息子に向かって、直立して挙手の礼。

息子は驚きながらも、容子に向かい、直立して挙手の礼を返す。

私は久しぶりに笑い声をあげた。もちろん、容子も息子も笑顔。三人が笑っての最後の別れとなった。

小説家である私などでも、思っても見なかった明るい最期。また、してやられた。悲しいけれど、また、笑いたくなる。

アメリカに戻る長い長い機内での時間、息子は幾度となく、容子のその姿を思い出しては微笑し、別れをつぶやいて行ったことであろう。

そのシーンを思い出す度に、私は声も出なくなる。いや、声なき声で、つぶやきたくなる。「生涯、私を楽しませ続けてくれた君にふさわしいフィナーレだった」、と。

そんなに多くはないが、城山三郎にはいくつかの詩作品がある。

他にもいいのがあるが、やはり一九九二年（つまり妻容子が亡くなる八年前）、雑誌『現代』に載せた「紐のつながり」（詩集『支店長の曲り角』に収録）が好篇かと思う。

いつの頃からか
男は女の寝巻の紐をつかんで
眠るようになった
この世に逃げられまいというように

この世にはりついた女は
自信の余剰のように
紐のゆとりをつくって
男に手渡す

ゆとりが長ければ
女の体には自由が残り
男の指にあたたかさが伝わらない

ゆとりが短ければ
紐は女の息吹とともに呼吸して
あたたかいが
女の寝返り一つで
つながりは切れる

紐のつながりがいつまで続くか
男も女も考えない
女はきづかずして答えず
男は考えまいとして考えない

生きて在る限り

目に見えぬ紐のつながり
男と女の間の
長いゆとり　短いゆとり
この世との
長いゆとり　短いゆとり

作家城山三郎は、最後まで容子と結びあった紐を離さなかったのだ。それは、容子が生きているときも死んだあとも同じだった。城山三郎は妻が逝って七年後の二〇〇七年三月、療養中だった病院で間質性肺炎のため七十九歳で生涯をとじるのだが、晩年の七年はずっと、亡き容子と心のなかでつながる紐を握りしめながら生きた。

むろん城山は容子の死後も、小説を書きつづけ、講演や対談の活動をし、二〇〇一年には容子とともに取材した『指揮官たちの特攻―幸福は花びらのごとく』（副題の「幸福は花びらのごとく」はあきらかに容子の面影を追って付けたものだったろう）を刊行、そのあとにも『静かに健やかに遠くまで』『この命、何をあくせく』といったエッセイ集を次々に出した。二〇〇五年には「硫黄島に死す」を一巻めに収めた『城山三郎　昭和の戦争文学』（全六巻）を角川書店より刊行しているが、そのどれもが亡き容子の枕辺に捧げられた鎮魂の書であるといえた。

当然のことかもしれぬが、最愛の容子を喪って、城山の作品からは「社会」や「時代」が徐々に姿を消し、かわりにどこか人生論的な、孤独を生きる自分自身の日常の描写が目立ってきたともいわれる。そういう意味では、城山三郎の文業もまた容子の死とともに、静かに終焉をむかえつつあったといってもいいのだろう。いや、終焉というより、城山の命が「帰るべき場所」に帰っていこうとしていたといっていいのだろう。

かつて海軍の志願兵として従軍した当時の経験を口にすることが多くなり（城山は愛知県立工専入学後、徴兵猶予を返上し海軍特別幹部練習生として志願入隊した軍国少年だった）、体調を崩してからは、病院のベッドでしきりと亡くなった軍隊仲間の名をつぶやいていた。「どうしてボクだけここにいるのかな……」ともいった。入院する少し前に長男家族と箱根に旅行したときには、急に娘の紀子に「カラオケというのに行ってみたい」といいだし、ホテル内のカラオケに行ってマイクをにぎると、「同期の桜」とか「月月火水木金金」とかいった軍歌を歌ったという。うつむき加減で歌う城山の目には、うっすらと涙がにじんでいた。

そして、紀子にむかって、いくどもこういった。

「戦争中の真の勝者は戦わなかった者だ」

「戦争で唯一日本が得られたものは憲法九条だ」

城山三郎は最後まで「人間」のあるべき生き方を追いもとめた作家だった。

やなせたかしと弟千尋《ちひろ》

二〇一三年十月、九十四歳で死去したやなせたかし（本名柳瀬嵩）といえば、子供から大人までだれにも愛された名作「あんぱんまん」で知られる国民的漫画家だが、作詞家としてのこした業績も大きかった。漫画以上に若い詩人たちの発掘や育成に情熱をそそぎ、一九七三年に自ら経済的援助をしてサンリオ出版から季刊誌（のちに月刊誌となる）『詩とメルヘン』を創刊、同誌が二〇〇三年七月に刊行三十年をもって終刊するまで、長く編集長をつとめた。一九七三年といえば、やなせはすでに五十路半ばの年齢になっており、同年フレーベル館の月刊絵本『キンダーおはなしえほん』に「あんぱんまん」を発表、日本テレビ系で「それいけ！　アンパンマン」が放映開始となって大ブレイクするのは一九八八年になってからだから、やなせたかしの詩作への関心は漫画よりも一歩も二歩も先んじていたといえるだろう。

いわれてみればたしかに、やなせの「あんぱんまん」の詩の内容は、たんに子供の夢世界をえがいたものとは思われぬメッセージ性に富んでいる。そしてそれは同時に、やなせが終生抱きつづけていたある種のニヒリズムとでもいっていい人生観、生命観であったようにも思われる。たとえば「アンパンマンのマーチ」はこうである。

そうだ　うれしいんだ
生きる　よろこび
たとえ　胸の傷がいたんでも

なんのために　生まれて
なにをして　生きるのか
こたえられないなんて
そんなのはいやだ！

今を生きる　ことで
熱い　こころ　燃える

だから　君は　いくんだ
ほほえんで
（略）
なにが君の　しあわせ
なにをして　よろこぶ
わからないまま　おわる
そんなのは　いやだ！

（『やなせたかし全詩集』）

もう一つ、やなせの代表詩である「てのひらを太陽に」の冒頭はこうだ。

ぼくらは　みんな生きている
生きているから　歌うんだ
ぼくらは　みんな生きている
生きているから　かなしいんだ
手のひらを太陽に

すかしてみれば
まっかに流れる　ぼくの血しお
みみずだって　おけらだって
あめんぼうだって
　みんなみんな　生きているんだ
　ともだちなんだ

ぼくらは　みんな生きている
生きているから　笑うんだ
ぼくらは　みんな生きている
生きているから　うれしいんだ

（『こどもごころの歌』）

テレビの前で子供といっしょに歌っていた大人たちのなかには、オヤ、こんな内容の歌だったかなと思う人もいるかも知れない。明朗にして軽快な「あんぱんまん」のキャラクターと、何とも歯切れのいいマーチのリズムに心をうばわれて、やなせがこの詩にこめた「もう一つの思い」を見落した人は案外多いのではなかろうか。

「もう一つの思い」とは、ひとくちにいえば「命」の重さに対するやなせの深い意識であり、つねに自らに発していた「人間が生きることとは?」という問いかけである。「なにが自分の幸せなのか、それをわからないまま死ぬなんてイヤだ」という、単純にして明確な人生に対する目的意識。やなせは正義の味方「あんぱんまん」や、アニメ映画「やさしいライオン」を通して、「人間にあたえられた命」を、「人間はいかに何に費やすべきか」という問いを自らにつきつけつづけていた漫画家だったのである。

そうしたやなせの「生」に対する真摯な姿勢の底には、幼い頃の生母との離別、二十二歳で出征し戦死した弟の千尋への哀惜、そして三十二歳で夭折した父親への思慕があったことは想像に難くない。

やなせたかしは一九一九年二月六日、東京府北豊島郡滝野川町西ヶ原に生まれた。父は朝日新聞社会部の腕ききの記者だったが、やなせが五歳のときに赴任先の上海でとつぜん病死してしまう。その後、母の再婚に伴い、弟の千尋とともに高知に住む伯父の家に引き取られ、孤独な少年期をすごした。高知市第三小学校、後免野田小学校から旧制の高知県立城東中学校に進学したのも伯父の家からだった。

一九二六年、東京高等工芸学校(現・千葉大学工学部)の図案科に進んだ頃から、しだいにグラフィックデザインや絵に関心をもちはじめる。また、映画にのめりこんでいったのもこの頃で、自由主義の校風のもと、授業そっちのけで朝から晩まで映画館に入りびたった。とくに、フランス映画のルネ・クレールの作品に傾倒し、家に帰ると見てきたばかりの映画のカット割りを、すらすらと半紙に描いてみせたという。

だが、そんなふうにしているうちにも時代は軍国主義一色に染まってゆき、東京高等工芸学校を卒業後、やなせは田辺製薬の広告宣伝部に一年ほど勤務するが、やがて召集をうけて、九州小倉の野戦重砲兵第六連隊補充隊に入隊、中国戦線におくられる。父が死んだ上海近くの農村で終戦をむかえたとき、やなせは二十六歳になっていた。

一九四六年二月に復員し、故郷の高知新聞社に入社、社会部をへて雑誌『月刊高知』の編集部にうつるが、まもなく上京し、知人の紹介で三越宣伝部にデザイナーとして勤務するようになる。仕事の合間に投稿した漫画があちこちに採用され、だんだん漫画の依頼がふえてくる。手塚治虫や小島功らと知遇を得たのも、この頃だった。

二年後には三越を退社してフリーになり、その後はラジオのコント台本やテレビ番組の脚本、旅のルポルタージュ、コマーシャル、舞台美術から映画批評まで、あらゆるジャンルの表現に挑戦するのだが、詩だけはこつこつと書きためた。一九六三年に詩集『こどもごころの歌』を初めて自費出版したが、そこには友人のいずみたくが作曲した「てのひらを太陽に」も収録されて評判をよぶ。

それからの青春遍歴を、やなせはいくつもの「自伝詩」とでもいうべき詩作にのこしているが、代表的なものをあげるとすればつぎの二つである。

一つは「漫画」と題した詩——。

絵に自信をなくしたぼくは
一年間郷里の新聞社につとめたあと
上京してデパートの宣伝部に入りました
そのころ
岡部冬彦や小島功や
根本進や手塚治虫と
しりあいました
そしてぼくも漫画をかきはじめたのですが
仲間のなかで
ぼくはいちばん才能がありませんでした
それでも退職して

ペン一本をたよりの作家生活に
入ったのです
ぼくは自分の人生の中で
まがりなりにも
漫画家になれて
本当によかったと思っています
神に感謝しています
（後略）

（『やなせたかし全詩集』）

つぎの一つは「てのひらを太陽に」である。

まもなくぼくの漫画は
ゆきづまります
仕事の悩み・病気
いろんなことが
かさなって

ぼくはほとんど
絶望のどん底に落ちます
そのときつくった歌が
「てのひらを太陽に」です
　てのひらを太陽に
　すかしてみれば
　まっかに流れる
　ぼくの血しお
作曲は
その頃CMしか
つくっていなかった
無名の新人
いずみ・たくです
まさか
その歌が教科書にのり
全国の子どもたちが

うたうようになるとは
そのときは
夢にも
思いませんでした

（同前）

一見経験した事実を淡々と語っているだけのようだが、事実によけいな虚構や誇張をはさまず、感情や心情をそのままストレートに表現するのがやなせの詩の特徴だった。やなせ自身、二〇〇六年に出した集大成『やなせたかし全詩集』（北冥社刊）のなかで、自らの詩作について、「ぼくの場合は散文詩もファミリーソングも抒情歌も演歌も童謡も全く区別していない。みんなごちゃ混ぜごった煮である」「曲もいろいろで、純粋歌曲からフォークソング、ポップス、ジャズ等々いろんな曲がある」といっているように、その詩に「文学詩」とか「歌謡詩」とかいうラインをひくのはむつかしい。たぶん「自伝詩（詞）」という名がいちばんふさわしいのではないか。

つぎに紹介するのは、やなせのそんな「自伝詩」中の「自伝詩」である。

一つは「戦場」で、もう一つは「紙芝居」。どちらも、あまりやなせが語っていない中国戦線での思い出をつづった作品である。

まず、「戦場」――。

ぼくが戦場にいるとき
生命が終わりそうなとき
ふと空を見ると
雲は昔とおんなじように
流れていた
あの子どものとき
山峡をゆっくりと
流れていった
ちぎれ雲と
おんなじだった
戦場にも
花は咲いていた

可憐な野菊は
風にふるえていた

ぼくは思った
なぜ　ぼくらは
雲や花のように
生きられないのかと
なぜ　ぼくらは
殺しあうのかと
太陽は公平に
敵も味方も
照らしていた
引き金に指しかけた
ぼくの手の上を
てんとう虫はゆっくりと
はっていた

（同前）

それと、「紙芝居」――。

ぼくは兵隊に行きました
中国へ渡りました
ふしぎなことに
ぼくの父が歩いたのと
ほとんどおなじ道を歩きました
父の残したことば
「東亜の存立と日中の親善は
双子の関係にあり」
をテーマにした紙芝居を
中国の子どもたちにみせました
「双子ものがたり」
というのです
ぼくは今　新しい中国を
ぜひ父にみせたいと思います
終生中国を愛した父は
何というでしょうか

（同前）

朝日新聞の社会部記者だった父親が、三十二歳の若さで急逝したのも上海だったから、やなせの「戦争の記憶」は否応なく「亡き父の記憶」とも重なったのだろう。引き金に指をかけたやなせの手の上を、ゆっくりとあるくてんとう虫の姿は、平和と平等を愛した父の化身だったのかもしれない。やなせは前出の『やなせたかし全詩集』のなかで、「父はぼくが五歳のときに任地で病死しました。父の書き残したものを読んでみると、つぎのような一節があります。『私は人生において、三つのことは生涯やっていく。それは絵と詩と雄弁だ』。三番目の雄弁はとにかくとして、ぼくは自分の中に父の遺志があきらかに生きているのを感じます」と書き、自身の心身に父の遺伝子が生きつづけていることを誇らしく語っている。

これは、やなせが夭折した父親をいかに愛し、尊敬し、父から受けついだ血統の力、あたえられた絵や詩の才能に対していかに感謝していたかという発言でもあっただろう。「三番目の雄弁はとにかくとして」と謙遜しているが、生前やなせたかしは人を飽きさせない座談、講演の名手としても知られていたから、そっちの血統もじゅうぶんに受けついでいたのである。

また、「紙芝居」を読んで感動するのは、やなせが従軍中、父親の遺訓「東亜の存立と日中の親善は双子の関係にあり」（東アジアの平和は日本と中国が仲良くすることと同一である）をテーマに、手づくりの紙芝居を中国の子らにみせていることだ。日本の侵略がすすみ、前線での戦闘も激化していた当時の中国大陸で、敵国の子どもに紙芝居をみせる試みじたい容易なことではなかったろう。そんな状況下でも、やなせはありあわせの絵の具を使って、日中友愛の理想をうたった「双子ものがたり」という紙芝居をつくって子どもにみせたというのである。のちにやなせが描く「あんぱんまん」や「やさしいライオン」にも通底する、いわば父親ゆずりの人間平等の精神がこの頃からやなせの心には芽ばえていたのではなかろうか。

そして、その「平和」と「平等」を願うやなせの心が、復員後漫画の道にやなせをすすませた原動力ともなったのだった。詩集『こどもごころの歌』を出版した翌一九六四年にはNHK「漫画学校」の講師となり、以後三年間レギュラー出演、やなせは文字通り子どもに「夢」をあたえる「あんぱんまん」の役を買ってでる。一九六七年には四コマ漫画「ポオ氏」で週刊朝日漫画賞を受賞、七〇年にはアニメ映画「やさしいライオン」で毎日映画コンクール最優秀動画賞を受賞。八面六臂の活躍とはこのことで、手塚治虫、おおば比呂司、馬場のぼるらと「漫画家の絵本の会」を結成したのは一九七二年のことである。

いっぽうでやなせは、サンリオから出版した季刊誌『詩とメルヘン』を舞台に、詩人や絵本画家をめざす若手の育成にうちこみ、そこから多くのライトノベル作家や詩人画家、絵本作家たちを輩出させる。その頃やなせは「すぐれた漫画にはかならず詩的要素がふくまれている」と語り、「詩と絵とは同格の力をもつ」というのがログセだった。漫画家志望の若者には「よき詩人たれ」

といい、詩人志望の若者には「よき絵描きたれ」といった。前述したように、やなせの「あんぱんまん」は、一九八八年の日本テレビ系「それいけ！　アンパンマン」の放映開始によって、やがて日本じゅうを席巻するほどの大フィーバーをとげるのだが、それもまた「詩と絵は同格の力をもつ」というやなせの信念から生まれた成功作だったといえるのだろう。

幼くして父と死別したやなせが、もう一つ抱きつづけていたのが、二十二歳で戦死した弟千尋への哀惜の思いだった。千尋はやなせより二歳下の弟で、父の死後高知の伯父夫婦のもとに養子として貰われていった子だったが、背がたかく眉目秀麗で、ストレートで京大にすすんだ成績優秀な男だった。中学時代には同じ柔道部に入っていたが、一級にもなれなかったやなせを追い越して、すぐ千尋は二段になった。頭がよくカッコいい弟を誇りに思いながらも、やなせはいつも千尋にコンプレックスを感じていたという。だが、早く父を亡くし、母が家を出てからは、伯父の家で励まし合いながら学校に通った唯一の兄弟であることに変わりなかった。その弟千尋が、一足先に出征したやなせを追うように戦地にむかい、バシー海峡の戦闘であっというまに戦死してしまったのだ。復員してきたやなせを故郷高知で待っていたのは、何も入っていない千尋の白い骨壺だった。

やなせが二〇〇六年八十七歳のときに出した『やなせたかし全詩集』には、亡き弟千尋について書いた何篇かの詩が、「おとうとものがたり」と題した章にまとめられて収録されている。
印象にのこるのは、「海彦・山彦」と題された一篇である。

中国の河南省　古都洛陽の東南に
嵩山という山がある
海抜千六百米
少林寺拳法発生の地と伝えられている
終生中国を愛した父は
ぼくに嵩と命名した
そして二歳下の弟には
千尋の海という意味で
千尋と名づけた
嵩と千尋
山と海
山彦と海彦
それはただ兄弟の名前にすぎないが

二十四の夏
ぼくは華南の山岳地帯
尾根づたいに生死の境をくぐることになる
そして弟は
二十二歳
本当に千尋の海の底深く
永久にかえらぬひとになってしまうのだ
ぼくは今でも
海をみるたびに
かなしみとなつかしさのいりまじった
心になる
海彦
千尋
弟がそこにいる
つぶらな眸をして
いくぶんかまぶしそうに

はにかみながら
弟がそこにいる
ぼくはまだ生きながらえているが
海に指をひたせば
その海の中に
弟がいる
海彦

（『やなせたかし全詩集』）

例によってきわめて平明な、淡々とした「自伝詩」だけれど、ここには嵩、千尋と命名してくれた亡き父への感謝と、僅か二十二歳で戦死せねばならなかった弟千尋への鎮魂の思いがうたわれている。

そして、千尋の最期をつづった「珊瑚」という詩は、もっと哀切にみちている。

土佐の名物　かぞえれば
紙に珊瑚にかつおぶし
珊瑚店でぼくは聞いた

「今でも土佐の海で珊瑚はとれますか」
「いいえ　今はとれません
フィリピンの沖
バシー海峡のものが主です」
バシー海峡
珊瑚の海
海軍戦死公報には
「海軍中尉柳瀬千尋二十二歳
バシー海峡の戦闘において
壮烈な戦死」
なにが壮烈
なにが戦闘
弟は戦場へ向う輸送船ごと
なんにもせずに撃沈されたのだ
バシー海峡
珊瑚の海

自分の名前のとおり
千尋は千尋の海へ沈んだ
骨は珊瑚になったのか
君が海軍特攻隊を志願したとき
運よくぼくらは一度だけ逢えた
「ぼくはもうすぐ死んでしまうが
兄貴は生きて絵をかいてくれ」
手をにぎりあい　ぼくらはわかれた
しぐれにぬれてぼくは歩く
ぼくらがあそんだ帯屋町
ぼくらが通った中学校
ぼくらがあそんだ城下まち
なぜぼくだけが生きのこり
なぜぼくだけがここにいる
千尋よ
君が珊瑚なら

土佐の名物土佐珊瑚
故郷の海へ帰ってこい

（同前）

長いのを承知でこの詩を引用するのは、ここには詩人やなせたかしが亡き弟千尋にささげた万感の思いと、兄弟二人が青春をすごした高知の風土への懐旧の情が、まるで幼い日々を映すパノラマのように展開されているからである。

そして、何より心をうつのは、この詩にある「なぜぼくだけが生きのこり、なぜぼくだけがここにいる」という述懐である。同じ戦地に赴きながら、あえなく戦場のツユと消える者もいれば、戦火のなかを生きのびて還ってくる者もいる。この運命の差は何なのか。なぜ弟は死に、自分は生きのこったのか。答えのない問いを、やなせは終生自らに発しつづけるのである。

そうだ、やなせにとって弟千尋の戦死は、たった一人の愛する弟を喪《うしな》ったということだけではない、自らにあたえられた命そのものをみつめる原点ともなったのだった。「あんぱんまん」をはじめ、どこか人生の哀歓をひめた愛すべきキャラクターたち。「しょくぱんまん」にしろ、「バイキンマン」にしろ、そこにはつねに「なぜ生きねばならないのか」「何のために生きるのか」という命題を背負って生きるかれらの姿がある。やなせの詩や漫画にあるシニカルともニヒルともつかない一種の虚無感は、そんなやなせ自身の「生と死の意識」からもたらされたものといっていいのではなかろうか。

それと、同じ親の子でありながら、やなせは「実子」であり、千尋は戸籍上「養子」として届けられた子だった。千尋は、医者だった伯父夫婦を「本当の父母」と思いこんだまま死んでいた。そしてその秘密を知っていた兄のやなせもまた、父は任地の中国アモイで病死、まもなく母も家を出て再婚していたので、幼い頃から天涯孤独の身であった。伯父夫婦が千尋を溺愛するかたわらで、母の家出後に同じ伯父の家で育てられることになったやなせは、何となく家族には疎外感をもちながら幼少期をすごしたのである。

そうしたちょっぴりふくざつな養父母、兄弟の関係をつづった「坊ちゃんの兄」という詩がある。

弟は
医者をしていた伯父の養子になり
ぼくは亡父のあとをつぐことになった
もう少しのち
入学試験のために
戸籍とう本をとりよせたとき

自分の名前以外に
全部×じるしがついているのを見た
父は死亡
母は再婚
弟は養子
ぼくは自分がこの世でたったひとり
天涯孤独になったことを知った
しかしその頃はまるで孤独とは
おもわなかった
ただ弟とぼくの生活には
ちょっとしたちがいができた
弟は奥の間で
伯父夫婦と川の字になって寝
ぼくは玄関の横の
つめたい書生部屋で寝た
伯父夫婦には子どもがなかった

伯父夫婦は弟を溺愛した
ぼくらは世間的には
おなじ家に住み
おなじ学校に通い
ごくあたりまえの兄弟で
伯父夫婦を
「お父さん」「お母さん」と
よんでいたが
弟はお医者さんの坊ちゃんで
ぼくはなんていうか
坊ちゃんの兄が世話になっている
という感じだった
でも何をするのもいっしょだった
「お兄ちゃんといっしょでなければいや」
と弟がいうからだった

（同前）

やなせと千尋は仲の良い兄弟だっただけに、よけい二人にあたえられた戸籍上の、「実子」「養子」というちがいが重くやなせの心に覆いかぶさっていたのだろう。天真爛漫で伯父夫婦に懐《な》ついて育った千尋にくらべて、人一倍感受性のつよかったやなせは自分自身がおかれた境遇に敏感だった。千尋には裕福な伯父の病院を継ぐことを約束されていたが、やなせは他界した貧しい新聞記者の父の家を継がねばならぬ子である。そんなことも、幼いやなせをいっそう孤独にさせる要因になったのではないかと想像する。

そして、ここであらためて気づかされるのは、やなせの九十四年の生涯は肉親との「別れ」の連続であったということだ。戦争間近だった中国大陸で客死した父、弟千尋の戦死、それに重なって何よりもやなせの心に深い傷をのこしたのは、父の死後まもなく家を出た「母との別れ」であった。

詩人であり漫画家だったやなせたかしの、全作品をつらぬくライト・モチイフともいえる「母とのわかれ」という詩がある。

ぼくらはある日
母とわかれた
ぼくらは身体がよわいから

よくなるまで
医者をしていた伯父の家に
あずかってもらう
と母にいわれた
「おじさんのいうことをよくきいて
はやくよくなるのよ
お母さんはすぐに
むかえにきますからね」
母はそういった

母は盛装して
白いパラソルをしていた
秋のはじめのころだったかなあ
ぼくと弟は
素直に信じた
そして

母をおくっていった
母のパラソルは
蝶のように
麦畑の中を遠ざかっていった
母は何度かふりかえった
ぼくらは
そのたびに手をふった

「あなたのお母さんは
わるいひとね
こんなかわいい子どもをすてて
再婚するなんて」
しかし
ぼくらは信じた
母を信じた
本当のことがうすうす

わかりかけてきた頃になっても
ぼくらはずーっと信じていた
そして早く丈夫になろうと
冷水まさつをして
風邪をひいた

（同前）

ある秋の一日、いちめんの麦畑のなかを遠去かる母の白いパラソル、たかく澄みきった青空。その後ろ姿に、何ども何ども手をふる幼い兄弟。この風景は、やなせたかしが一生涯わすれることのなかった人生の原風景といえるものだった。

そういえば、やなせは何かのインタヴューで、「あんぱんまんに出てくるドキンちゃんのモデルは母です」と告白している。

だれでも知るように、「あんぱんまん」にはたくさんの脇役というか仲間が登場する。「しょくぱんまん」に「バイキンマン」、「カレーパンマン」などなど、そのキャラクターは多彩だが、そのなかでも「ドキンちゃん」は異色である。

その「ドキンちゃん」の詩（詞）——。

ばいきんまんを助けるために
ばいきん星から
飛んできたのか
女のばいきん・ドキンちゃん
流し眼キラリ
胸がドキン
だから名前がドキンちゃん

かわいくて美人だが
わがまま、生意気、意地悪で
人を傷つけてよろこぶ性質
たとえば「風と共に去りぬ」の
スカーレット・オハラ

あれが典型的なドキンちゃんタイプ
スカーレットが好きなのはアシュレー

ドキンちゃんが好きなのはしょくぱんまん

しかし
しばらく経つうちに
奇妙なことがおきてきた
ドキンちゃんが
どんどん強くなり
ばいきんまんは
あごで使われる

正義の敵のばいきんまん
恐れるものは何もない
強力無比にいばっても
ドキンちゃんにはかなわない
なさけないけどしかたない

（同前）

ここでうたわれる「ドキンちゃん」、つまりやなせの生母の姿は、どちらかといえば、小悪魔的で妖艶な女としてえがかれている。「かわいくて美人だが、人を傷つけてよろこぶ性質」というところには、やなせが母親によせた愛憎半ばの感情が反映されているといえるかもしれない。最初は思い出のなかの小さな存在だった生母だが、「しばらく経つうちにどんどん強くなって」ゆく。まだ五歳だったやなせにとって、その日別れた母親は終生のアイドルであり、永遠に「かなわない」ドキンちゃん的な存在となったのだろう。

では、「ドキンちゃん」が生母のモデルなら、弟の千尋は「あんぱんまん」のどこに出てくるのだろう。

やなせたかしは「あんぱんまんはぼくの自分史かも知れない」ともいっているから、その漫画のどこかに、千尋がかくれていることはたしかなのである。

岡部伊都子と婚約者木村邦夫

二〇〇八年八十五歳で亡くなった随筆家岡部伊都子《いっこ》ときいて、すぐに思いうかぶのは生前伊都子が自らに放った「加害の女」という言葉である。

この「加害の女」について、伊都子は『未来はありますか　おもいを語る』（昭和堂刊）という本のなかでこう語っている。

私が、「私は加害の女です」、というたら、「そない自分責めんでも、あの時は皆がそうやったんやさかい」というてくれはるけれども、だからこそ、いかにしてこういう加害をせずにいられない考え方の人間が生まれてきたのかというのを、問題にしてほしいわけです。こういう加害の女にさせられたことが、私の重大な被害なんです。

はんなりとした京ことばのウラに、確固とした信念がうかがえる文章だけれども、そもそも、岡部伊都子をしてこのような心情に追いこんだものは何だったか。

岡部の読者ならだれでも知っているだろうが、伊都子は一九四三年二十歳のときに、二歳上の木村邦夫と婚約する。二年後邦夫は出征、一ど中国に渡ったのち沖縄の石部隊機関銃中隊に配属され、首里戦での爆撃によって両脚を失なった。もはや生きていても自軍の足手纏いになるだけと観念した邦夫は、そくざに自決をえらぶ。だが敗戦後、母親のもとにきた公報には、「二十年五月三十一日、沖縄本島島尻郡津嘉山《つかざん》に於て戦死」と記されていたという。

邦夫は出征するときに伊都子にこういっていた。

「この戦争は間違っている。自分は死にたくない。天皇陛下のためになんか死ぬのはイヤだ。君や国のためなら喜んで死ぬけれど」

それに対して、伊都子はこう答える。

「わたしなら、陛下のために喜んで死ぬのに」

のちに、『生きるこだま』（岩波書店刊）という著書のなかで、伊都子はこのときの自分の言葉についてこう自解する。

はじめて聞く言葉に、わたくしはとっさの応対ができなかった。こわかった。こんな言葉を誰かに聞かれたら、とても無事ではありえない。「すべてを天皇陛下のおん為に投げうつ国民の至誠」を第一義としてきたわたくしに、「天皇陛下のために死ぬのはいや」と言う言葉が、あまりに意外で、すっとは理解できなかった。

ずっとわが心に在ったその人が、どういう思想をもち、どのように生きてこれまでを来たのか知らない。やっと本音を話して、これからそのことについていろいろ教えてくれるべき彼とのつき合いは、始まると同時に別れが迫っていた。その人も、すこやかな男性である。まっすぐな、正直な、清らかな気性は、小学校の時から感じていた。すぐ受け入れられない本音の発言におどろき、困惑しながら、清い率直さにうたれもした。

しかし、返事の用意は、胸のどこにも無かった。何と答えたと思われるか、わたくしは彼の期待をみごとに裏切った。彼の愛を受ける資格が無かった。

「わたしなら、よろこんで死ぬけれども」と、言ったのである。

これが岡部伊都子の人生に、決定的な悔いと自省をあたえる経験となった。経験というか、一つのぬぐいがたい原罪となった。一人の女として、人間として、物書きとして、伊都子はこの「加害の女」という意識を終生背負って生きてゆくことになるのである。

岡部伊都子は、関東大震災が起こった一九二三年の三月六日、大阪市西区立売堀のタイル問屋「岡部商会」を営む父次三郎と母ヨネの三女として誕生している。長男一栄（十二歳）、次女弘子（八歳）、次男博（四歳）がいた。二歳のとき急性中耳炎を患い、右耳の聴覚を失なうが、作文と読書の好きな物静かな娘に育った。大阪市立明治尋常高等小学校から相愛高等女学校本科に入学、二年生のときに結核が発見され、やはり乾性肋膜炎に罹り病弱だった兄博と、つきそいの弘子の三人で帝塚山西の貸家に転地療養する。以後も結核の療養はつづき、思春期には厭世観から何ども自殺を考えるが果せず、一九四一年十九歳の十一月十日、開戦とほとんど同時に召集された兄博の出帆を神戸港で見送る。博が出帆まぎわに伊都子に渡した手紙には、「本を読むのは良いのだけれ共、伊都子の今は、本に読まれてゐるが如き感傷感に閉されては居ないか……」とあったという。

その博が出征してまもなく、二十二歳で戦死したという知らせがとどいたのは、翌一九四二年の一月十日で、伊都子に手紙を渡し船上の人となってから、僅か二ヶ月後のことである。その最期について、後年兄の足跡を調べあるいた伊都子は、随筆「紺がすり」のなかで、「偵察機でシンガポールを偵察したかえり、イギリスの戦闘機群にむかえうたれジョホール・バールの密林に墜落した兄の遺体は、シンガポール陥落後、友軍の手によって発見された」とのべている。

伊都子が将来を誓い合う木村邦夫と出会うのは、その博の焼香に邦夫が岡部家を訪れたときだった。邦夫は近所の商家の息子で、大阪市立高等商業学校（大阪市立大学の前身）を卒業後、見習士官となっていた。だから、伊都子は幼い頃から邦夫の存在を知っており、その清潔感のある整った顔だちの「近所のお兄さん」にひそかに心惹かれていたのだが、邦夫が同じ幼馴染みの博の弔問に何どか足を運んだのがきっかけで、二十歳になっていた伊都子と互いに深く思い合う仲になるのである。

しかし、深く思い合う、といっても、日に日に戦時色が濃くなってくる時代だった。明日の保証のない男と女が、それを承知で夫婦の契りを約束するという、今の世の中では考えられないことが罷《まかり》通っていた。二人はそんな時代のなかで、たがいの見えぬ明日をもとめ合うように、あわただしく婚約をかわすのだ。

『生きるこだま』はこうつづる。

わたくしは、つらい。ここで重々つらい。

博の戦死後、一年を経てわたくしは児童時代からの思慕の人と婚約した。彼は高商（いまの大阪市立大学）を卒業して大阪八聯隊へ入隊したあと、時折博の「おまいり」にたずねてみえるようになった。こちらはそばへ寄るのも遠慮して襖の蔭から眺めている程度だったが、見習士官となって外地へ送られる前の別れに、「これが最後ですね」と挨拶したのがきっかけになった。

先方のお母さんが来られ、母と相談。「どちらかが欠けるまでは、互いにほかの人と縁を結ばない約束を」となった。親戚会議があわただしく招集され、「博が戦死しているのに、また、戦死しはるか判れへんお人に、なんで婚約するか」と反対されたが、父、長兄、姉は沈黙、母が「このことだけは伊都子の思うようにさせてやって下さい」と頼んでくれた。母は、「どうせ死ぬ子」のわたくしに、せめて婚約をさせてやりたかったのだろう。わが思いを推察もしていただろう。そして、母自身、「邦夫さんはええお子や」と、彼のまっすぐな態度が気に入っていた。

白い扇を、約束のしるしに取りかわして、木村邦夫氏との婚約は成立した。そして初めてわが部屋で二人だけの空間をもった。

この「初めてわが部屋で二人だけの空間をもった」ときに、あの伊都子の生涯を決定するような一言が邦夫の口から発せられるのである。

すなわち、「自分はこの戦争は間違っていると思う。天皇陛下のためになんか、死ぬのはイヤだ」と邦夫がいうのだ。そして、それに対して伊都子は、「わたしなら、よろこんで死ぬけれども」

と返すのである。

このときの自身の言葉をふりかえって、伊都子は後年いくつもの自著のなかで、自らを「加害の女」と詰《なじ》り、質《ただ》し、蔑《さげす》みつづけるわけだが、その伊都子の自責の念は、婚約者木村邦夫に対してだけ抱いたものではなかったろう。

じっさい、四歳上の兄の博が出征し戦死したことに対しても、伊都子は「傍観者」でしかなかった。油絵を趣味とし、いつも岩波文庫をそばに置き、物静かに思索にふけっていた博は、何かにつけて伊都子の良き相談相手になってくれた尊敬する兄でもあった。その博が戦死した翌年の一九四三年四月に、伊都子は博を知る人々から詩文をあつめて「飛ろし」という小文集を編むのだが、そこでも「兄の戦死を悲しみながらも」「しかし名誉なことと讃えている」非情な皇国少女伊都子の姿があると告白している。「軍国乙女、自由な精神を全くもたない自分が、はっきりとそこにいる」と書いている。

『生きるこだま』にもこうある。

西も東もわからぬ頃から、「天皇陛下のおん為に」の空気で育てられてきた。「刷りこみ」は充分。わたくしも「賞め者でありたい」いい子振り根性に「よろこんで死ぬ」気持ちを当然としていた。虚弱で「お役に立たぬ」申しわけなさをも、引け目としていた。

それでは、こんなふうに戦争の「傍観者」として戦後を生きはじめた伊都子が、はっきり自分を「戦争加害者」であると認識したのはいつだったのか。

兄博を失ない、婚約者木村邦夫を失なった伊都子は、一九四六年（邦夫が戦死した翌年）に十三歳年長の男と結婚して藤本姓となる。何だかちょっと早いようにも思われるのだが、随筆「おさな妻」によれば、それはまだ邦夫の戦死が戦地から正式に報告されていなかった頃に、母が伊都子の幸せを願ってすすめた縁談だった。伊都子はそのときの状況を、「母はたまたまたずねてきた人の、完全な大人であることをたのみにした。その人は私に許婚者のあることを承知の上で近づいてきた人であった。いい気な私はそれを、自分が愛されているのだと自惚れた」と書く。要するに、邦夫との婚約がまだ完全に消滅していない段階で、伊都子は母がすすめる十三歳年長の男の妻となったのである。

当然といえば当然だったろうが、その結婚は七年後に破綻し、伊都子はその頃父次三郎と死別して一人で暮らしていた神戸の母ヨネのもとに帰った。そのときのやるせない挫折感は、随筆「どう　どん　どん」のなかの「こんな見事な破れはない。こんなまっこうからの否定はない。私はこれまでの思い上ったうぬぼれ根性をこなごなに叩きのめされ、女としても人間としても、自分に絶望しないではいられなかった」という文章にあらわされている。

しかし、そんな絶望の淵から伊都子を救ったのは、やはり女学校時代から好きだった文筆の道だった。どんなに辛いときでも、机にむかって万年筆を握ると何もかも忘れて没頭できるのだ。一九五一年二十八歳のときに初めての随筆集『紅しぼり』を自費出版し、いくらか筆に自信をもつようになっていた伊都子は、一九五六年に出した『おむすびの味』が評判となり、以後エッセイを中心にした文筆活動を本格化させる。

伊都子の随筆にただよう固有の美意識、孤独感、生きるさみしさのような感覚は、もう一つの少女時代の出来ごとにも起因していたろう。一九四八年十二月、伊都子二十五歳のときに父次三郎は六十五歳で死んでいたのだが、数年後その父に伊都子にとっての異母弟妹がいることを知る。義母のおしまは太三味線の芸妓だった人で、次三郎とのあいだには伊都子よりも二、三歳下の男の子を頭に、四人の子がいたのだ。

私は誰よりも父を憎悪した。汚かった。私の血を形成しているのが、その父の血であり、そういう汚らしい男とちぎった母の血であることが、どうにもやり切れなかった。その少年は自分の置かれた位置、私の立場をよく知って、あんなに可憐な会釈をするのだろうか。私がそういう立場の少年であったら、どんなに苦しむかわからないのに……と思うと、同じ一人の男性の子でありながら、日の当たる場所にいる自分からみて、その可哀想さが胸をしめつけもした。

（「おしまはん」から）

伊都子がしきりと自殺を思いつめるようになったのは、生前の父がおしまと関係をもった頃だった。その頃はまだ具体的に相手の名も子の存在も知らなかったが、感受性のつよい二十歳前の伊都子には、父の日々のふるまいがすべて、汚らわしく不潔なものにみえてくる。自殺を思う心には、一つは母親のヨネの悲しみに対する同情があり、もしそのために自分が死ねば、父が改心して女と別れてくれるのではないかという希望をもったからだったが、たとえ伊都子が死んだとしても、父がおしまと別れるという保証はなかったし、さりとて父は「岡部家」の子たちを放置するわけにゆかない。だとすれば、伊都子が死んでも何の解決にもならないのだという思いにつきあたって、なおさら伊都子の絶望は深くなるのだった。

だが、やがてそんな多感な思春期がすぎ、結婚、離婚という経験をへた伊都子は、自らにあたえられた「書く」という業を、あらためて一つの天命とうけとめるようになる。自分の身辺におこった出来ごと、恋、父母への思いを原稿紙にきざみこむことによって、それを自己救済のすべにしようと思い定めるのである。

女学校時代の恩師で『白珠』を主宰していた歌人安田青風の紹介で、『中外日報』の創立者だった真渓涙骨《またにるいこつ》氏を知り、氏から色々な人生指導をうけたことも大きな救いとなった。思うことをぞんぶんに吐き出しなさいといわれ、『中外日報』に連載の紙面をもらう。また、『紅しぼり』の読者の紹介で、民放の朝日放送から「てのひら小説」や「四百字の言葉」の仕事をもらう。一九五六年に「四百字の言葉」二年分をまとめて出版したのが最初のヒット作『おむすびの味』で、それは恩師安田青風の息子安田章生の世話によって創元社から世に出たものであった。

そして、一九五九年に母のヨネが死んで孤独の身となった伊都子は、ある意味「伊都子随筆」の結晶ともいえる『ずいひつ白』を発表し、この前後から心の傷を癒やすように京都、奈良の古寺仏閣を訪ねる旅を重ね、それを作品『古都ひとり』や『みほとけとの対話』などに反映させてゆく。いわゆる岡部伊都子「古都巡礼もの」の誕生である。同時に『週刊新潮』にエッセイ「男」を連載したり、代表的随筆の一つ『いとはん　さいなら』なども書いた。ラジオやテレビでは、たおやかな京ことばや好きな着物姿で、ファンを獲得する。母ヨネが七十二で他界する前年には、神戸市東灘区本山に二間の家が完成し、最晩年の母と僅か一年ではあったが、母子水いらずの時をすごした。因みに、十一年前に死んだ父次三郎がもうけた異母姉妹の母おしまの名を知るのはこの頃である。

いつ頃から、伊都子の心に「戦争」に対する自身の来しかたをふりかえる気持ちが芽ばえてきたかといえば、やはりそれは、一九六八年四十五歳のとき、初めて婚約者木村邦夫が散華した沖縄の地をふみしめたことがきっかけだったろう。

同年四月、かつて兄博が出征したのと同じ神戸港から乗船して、それまで心のどこかで敬遠し封印してきた邦夫の「最期の地」を訪ねる。邦夫が従軍し転戦した足跡を追い、南風原《はえばる》、首里付近をさまよう。ハンセン病国立療養所「沖縄愛楽園」をはじめ、石垣島、竹富島へと足をのばす。そして、いったん帰阪したのち、その秋ふたたび沖縄へ。以後、伊都子は失なわれた磨を取りもどすように、何ども何ども沖縄へゆく。伊都子のそんな憑かれたような沖縄への傾斜、いや亡き木村邦夫の魂をもとめる旅は、「骨沈む道」「海に漂う骨」などの作品に凝縮された。

一九七一年にはNHKテレビ「女性手帳」に出演し、「沖縄のこころ」と題した番組が五回連続放映される。当時はまだ、国内（本土）において沖縄について語られることは稀だったので、伊都子の発言はかなりの反響をよんだ。随筆「秋雨前線」において伊都子は、「いま、沖縄の返還協定をめぐる臨時国会で、全国の関心は沖縄に集まっているかの印象が濃い。しかし関心は国会の方をむいているのであって、協定の内容に心痛めている沖縄住民の不幸を直接みてはいないようだ。沖縄現地の声に耳を澄ませる姿勢とはいいがたい」と書き、当時のヤマトンチュー（本土人）のウチナンチュー（沖縄住民）の現状に対する無知、無関心を指摘する。

そういう伊都子の沖縄についての発言の底には、二十歳のとき、「この戦争は間違っている」

という婚約者木村邦夫にむかって、「わたしなら、陛下のために喜んで死ねる」といい放った自らの言葉への禍恨、哀れな軍国女子の一人でしかなかった己への慨嘆があったことはたしかだろう。沖縄の本当の苦しみを知らない本土人とは、すなわち自分自身のことであり、邦夫をふくめ二十数万もの人々を死に追いやった沖縄戦の惨劇から、長いあいだ眼をそむけてきた戦後の日本人のなかに、伊都子ははっきり自身の姿を発見するのである。

一九七二年、伊都子は八重山列島・竹富島に建てた小舎を、図書館として島に寄贈した。佐藤さとる著『だれも知らない小さな国』の主人公である「こぼしさま」から、「こぼし文庫」と名付けられたそこは、今も島の子どもたちに愛される小図書館として活動しているという。周辺の人によれば、伊都子は一時竹富島に永住しようとまで考えたのだが、けっきょく随筆家の仕事をつづけてゆく以上ムリであり、その頃から持病の心臓病が悪化して、ドクターストップがかかったこともあって断念した。その意味では、「こぼし文庫」は愛憐半ばする沖縄に対する伊都子の、一通の遺し文になったともいえるのだろう。伊都子の沖縄詣では、沖縄が本土復帰を果たしたこの一九七二年を一区切りとして、いったん中断される。

「本土復帰」については、こんな一言をつけ加えて。

今度の復帰によって、ふたたびその「沖縄自身」がおしひしがれ、本土化を美徳とする「目標」で、すばらしい魂と力と美感覚を歪められるのではないか。被占領下に脈々とよみがえった沖縄の文化は、「本土志向」の文化ではない。「沖縄自身」の文化であったのに。

（「差別と美感覚」から）

伊都子の「沖縄」に対する曲折した思い、かつて婚約者木村邦夫を正しい態度をもって送り出すことができなかった自身の未熟さへの罪の意識は、やがて伊都子を「戦争」以外の「差別」の問題、たとえばハンセン病患者が今もって社会から隔離された生活を強いられていることへの怒り、一九七三年に起ったいわゆる金大中《キムデジユン》拉致事件をはじめ、金東希《キムドンヒ》、徐勝《ソスン》、徐俊植《ソジユンシク》、金芝河《キムジハ》などへの抑圧事件を通して知った韓国の暗黒政治に対しての痛烈な批判へと駆りたてるのである。つまり、伊都子は沖縄の問題にめざめたことによって、社会に満えんする弱者と強者の格差、これまで国家というものがいかに国民の権利や自由を蹂躙してきたかという歴史を知り、これまで自分が正面から見ようとしてこなかった政治の矛盾や、社会構造の歪みとまっすぐ対峙するようになるのである。

一九七五年五十二歳で書いた『小さなこだま』には、随筆家から社会活動家へとゆっくり移行してゆく伊都子の姿がある。

五月十七日午後一時から十九日までの四十八時間、東京の数寄屋橋でハンストにはいった在日韓国人、在日朝鮮人、アメリカ人、日本人など三十四人、おりからの冷えこみと激しい雨とにどう過ごされたでしょうか。京で行われた「金芝河らを殺すな」のデモのしっぽについて歩きました。

そして、伊都子の政治的発言は、五十八歳になった一九八二年九月から『毎日新聞』に連載しはじめた「賀茂川のほとりで」でいよいよその烈しさを増した。

（一九八三年）八月二十一日、マニラ空港へ到着したばかりのフィリピン反戒厳令体制運動の指導者、ベニグノ・アキノ氏が殺された。……「フィリピンの民主主義が殺された！」とうめく人びとの声を読み、マルコス政権を支持している日本の在りかたがうしろめたい。

（一九八四年）第五五回のメーデーは、国の内外に深刻化しつつある危機を軽くとばしたような「祝賀式典」であったときく。「たとえ解放されても、人類はやはりメーデーを挙行して、たたかいぬかれた闘争、くるしみぬかれた苦悩を追憶するにちがいない」と、一八九四年二月、ローザ（ルクセンブルク）も記した。しかし、果たして真に解放されているのだろうか。いや、とても、核、公害、軍備、戦争、飢餓、対立、さらに差別。目さきの飽食でどうしようもない人類の不幸がきびしく切迫している。

もはやたおやかな京ことばで京都逍遥、奈良の仏像美を語っていた伊都子の姿はどこにもなく、ここに記されているのは、これまで国に騙され流され、戦争を諒としてきた自身への無力感と、そこに投影される戦後日本のアイデンティティなき経済至上主義に対する、活動家岡部伊都子の声低い叫びであるというべきだろう。

一九八七年二月六十四歳になった伊都子は、久しぶりに沖縄を訪れ、上江洲《うえず》トシ氏の案内で沖縄・久米島の「痛恨の碑」（天皇の軍隊に虐殺された久米島住民、久米島在朝鮮人の慰霊の碑）の前に立つ。伊都子自身も、長く意識の外に置いてきた名もしらぬ朝鮮人戦死者の霊へ、伊都子は万感の思いをもって赤い花を手向ける。

以下はふたたび、『賀茂川のほとりで』から。

京は、しぐれっぽい通り雨しか降らなかったけれど、六月二一日、沖縄本島は朝からの雨がどしゃぶり。この日は極東一巨大な嘉手納《かでな》米軍基地を、志ある人びとがとりかこもうとしていた……大雨洪水警報の出た、道も冠水状態の風雨のなか、よくこそ二万五〇〇〇人もの人びとが家を出て定位置につかれた。「反戦平和」「核と基地なき沖縄」への熱望の輪の一メートル分を立つために。

ともに日本で生まれ暮している「在日」の事実を、積極的に大切に確認しようとする同民族《ハンギョン》社会の芸術活動を尊び、四日後、ザ・シンフォニーホールに集った人びとの心はよろこびの期待にあふれていた。……このかつてないふしぎなコンサートの場に、愛深く静かに立ち合い見届けられた人びとの志。「在日」を分断する現実の重さに、ハンギョンという言葉が、日本人の胸にもしみ通る。

さらにエッセイ『紅明かりゆらめく』では、これまであまりふれてこなかった「環境問題」や「原発政策」についても書く。

みすみす、生存状況が悪化してゆく世界なのに、環境浄化に集中するどころか、いずこも、加速度的な汚染である。獣も、魚も、鳥も、花も、人為の悪気流にどうしようもなく、まみれている。それを知りながらの、生きものとのつき合いは、心重い。言葉で表現できない存在、他のせかいへ去ってゆけない存在、しかも、そこに在って、人によろこびを与え、いのちの糧である存在への申しわけなさ。原子力発電計画を破棄する国、原発施設をとりこわす国、稼動を停止させる国、世界各国の恐怖は当然なのに、この国は一九八七年十二月一日、なお「原子力発電推進を再確認」というのだから。

すでに婚約者木村邦夫への贖罪で最初に沖縄を訪れてから二十年がすぎようとし、伊都子は六十五歳になっていた。

いえることは、伊都子が自らを「加害の女」と思い定めたときから、伊都子の心に自分たちが今生きている日本という国の傲慢と無反省、太平洋戦争を聖戦とよび自国兵三百十数万人の戦死者を出し、アジア諸国の数千万人ともいえる人々に筆舌にあらわせぬ苦難をあたえながら、なおもまっすぐに自らの過ちにむかい合おうとしないこの国はいったい何者なのか、という問いが生じたことだった。じつは自分たちは今も、どこかで飢え苦しんでいる他国の人々を見殺しにしたまま繁栄を享受しているのではないのか。伊都子は思うのだ。そんな過去の歴史の罪と罰に正直にむき合ってこなかった日本の戦後は、「天皇のためなら喜んで死ねる」と本気で願い信じてきた伊都子自身の半生そのものでもあったのではないかと。

右耳の聴覚喪失、結核、貧血、肝炎、自律神経失調症、睡眠障害、視力減退、腰椎性変形症等々、

生来病弱で柳のようにか細い身体をしていた伊都子は、折にふれて、「自分には学歴はないが病歴がある」などといって周囲をわらわせていたが、七十歳をこえた頃からは体調を崩すことが多くなった。

しかし、遠方への取材や講演は少なくなったものの、執筆活動は相変わらず旺盛で、晩年に近づいてからも何本かの連載エッセイをかかえ、『生きるこだま』「沖縄からの出発」「沖縄の骨」などを次々に発表、一九九六年七十三歳のときには、評論家佐高信、作家落合恵子の監修による『岡部伊都子集』全五巻が岩波書店から刊行された。

何がそうまで伊都子をがむしゃらにさせていたのだろう。一心にさせていたのだろう。晩年にむかうにつれて、伊都子の「差別」や「戦争」や「人権」や「自由」に対する舌鋒はますます鋭くなった。寝床と机を往復するだけの「いつ死んでもおかしくない」日々のなかから、繊細な感性と強靭な反骨精神に裏打ちされた数々の「伊都子随筆」がつむがれる。肝硬変を発症した一九九九年に出したエッセイ集『弱いから折れないのさ』、翌年出した『朝鮮母像』、結果的に八十三歳での絶筆の書となったつぎの『遺言のつもりで』もそんななかから生まれた一冊だった。

肝臓がんが全身にまわって息をひきとったのは、二〇〇八年四月二十九日のことだった。最後の最後までペンと原稿紙をはなすことなく、自らを「加害の女」と責めつづけた随筆家岡部伊都子は、体重四十キロにみたぬ小さな身体から血を吐くようにしぼり出した百三十余冊の著書をのこし、八十五歳で世を去った。

晩年をすごした京都出雲路の自邸で、伊都子が日暮れになるときまって灯を入れたのは玄関に置いた「花明かり」だった。「花明かり」とは伊都子の命名で、水をはった雪洞《ぼんぼり》形のガラス器のなかで灯をともす小さな蠟燭《ろうそく》のこと。婚約者木村邦夫の命日に灯を入れたのが最初だった。「花明かり」は、出雲路の伊都子邸を訪ねるだれの心をもなごませた。親しい客人をむかえると、伊都子は手造りの料理を小さな膳にのせ、「花明かり」に灯を入れてもてなすのだった。

「花明かりゆらめく」という文章に、そも伊都子がなぜこの「花明かり」をともすようになったかがつづられている。


今日は五月三十一日、婚約者木村邦夫が「津嘉山《つかざん》で戦死」と、公報されている日だ。三十日が三十一日となった時刻から、沖縄ガラスのコップに水をはって、白い花明かりをともしつづけている。

ほんとうのことは、何もわからない。

いつ、どこで、どうなったか。

「この戦争はまちがっている。天皇陛下のためになんか死にたくない。君や国のためになら喜んで死ぬけれども」と、さいごの二人だけの時間に言った邦夫さんの骨は、どの土の砂になったか、どんな水に揺れ砕かれているか。

いい、いい、もういい、私は確かにその純粋な男性と婚約しながら、その人を守らず、「私なら死ねる」と言って死地に送った。

鈴木しづ子と黒人兵ケリー

鈴木しづ子という女流俳人の名を知ったのは、先年亡くなった作家稲葉真弓さんの著作でだった。稲葉さんが二〇一四年八月に六十四歳で亡くなる直前に出された『少し湿った場所』というエッセイ集にあった、「堕ちていくことの美しさ——鈴木しづ子」というみじかい文章を読んで、戦後まもない昭和二十三年頃彗星のように俳句界に登場し、いくつもの謎めいた逸話を語られながら、僅か五、六年で俳壇からも世間からもふっと姿を消した一人の女性俳句詠《よ》みを知ったのだった。俳句にくわしい人からみたら、鈴木しづ子を知らなかった筆者は、恥ずべき浅学の一人だったかもしれない。

「鈴木しづ子は戦争の落し子だ」の簡潔な一行ではじまる稲葉さんのエッセイには、しづ子が本格的にしづ子らしい作品を発表する少し前の一九四三年、松村巨湫《きよしゆう》が主宰する俳句誌『樹海』に初めて投句した、「ゆかた着てならびゆく背の母をこゆ」とか「図書館をいで夕ざくら散るをみる」とかいった、どちらかといえば平凡平明な文学少女っぽい作品が紹介されたあと、とつぜん「女の血の色に彩られた生々しいもの」(稲葉真弓)に変わった一九四八年以降のしづ子の俳句におどろかされたことが語られている。そして、その後しづ子があるいた「戦後」の人生が、どれだけ孤独と煩悶にみちたものであったか、時代と恋に弄《もてあそ》ばれたものであったかをつづっているのだが、筆者は旧《ふる》くからの稲葉真弓ファンでもあったので(平林たい子賞の『声の娼婦』や短篇集『海松』が印象にのこっている)、よけいに稲葉さんが心に留めた鈴木しづ子という俳人に興味をもったといえるかもしれない。

鈴木しづ子が一九四八年、二十九歳のときに詠った句はつぎのようなものである。

春雪の不逞の面て擲ち給へ
実柘榴のかつと割れたる情痴かな
すでに恋ふたつありたる雪崩かな

たしかに十八歳のとき、母とならんで浴衣姿であるいていたという初々しい女性の姿はここにはない。

この三句は、最初の婚約者を戦争で亡くし、その孤独を埋めたかったからか、基地の町のナイトクラブでダンサーをする荒れはてた生活に身をやつすなか、年下の男と恋に陥り、同時に別の男からもプロポーズされて婚約し、やがて結婚にいたるという修羅のごときしづ子の人生を詠ったものだ。この句には、愛する男を戦争にとられた一人の女の、二人の男のあいだを往来する、世にもせつない感情と理性、精神と肉体とのぶつかりあいがある。しづ子の心に生じた二つの相容れぬ相克。稲葉さんは、この「恋ふたつ」を「雪崩」と詠ったしづ子の句について、「これは二人の男の間で燃え盛る肉体を、単純に『雪崩』と詠んだのではなかろう。彼女の『雪崩』は、最初の婚約者を戦争で亡くした戦時中、静かに、ある種の崩壊感とともに育っていたのではないか」と語っている。

鈴木しづ子自身が「戦争の落し子」であったとともに、しづ子の句もまた「戦争が生んだ俳句」だったのである。

以下、戦争に翻弄された鈴木しづ子が辿った「戦後」と、そこに生み落された魂の絶唱といってもいいいくつかの俳句を、鈴木しづ子研究の第一人者である川村蘭太氏の著述や、長くしづ子の句業と人生を踏査してきた作家江宮隆之氏の評伝小説『凍てる指』、および『風のささやき――しづ子絶唱』をもとに追ってみたい。

鈴木しづ子（本名鎮子）は一九一九年六月九日、東京の神田三河町の佐分家に生まれた。江戸時代から徳川家の旗本という家格をもつ旧家で、当主は佐分薫、妻はひでといい、その一人娘がしづ子の母の綾子だった。しづ子が生まれた日は、まるで暴風雨のように荒れた日で、朝から晩まで雷鳴がとどろき、空たかく不穏な稲妻がはしっていた。最初は仮死状態の未熟児で生まれたしづ子だったが、数秒の静寂のあと高い産ぶ声をあげると、あれほど荒れていた風雨がおさまり、雷鳴も去ったというのだ。

代々、佐分家は女系で、薫もひでの婿養子であった。二人の初孫となるしづ子が生まれたとき、綾子の夫の俊雄（しづ子の父）は二年前の一九一七年に勃発したロシア革命によりシベリアに出兵していた。

当初の名が「しづ子」でなく「鎮子」だったのは、「はげしい暴風雨と雷を鎮めるかのように生まれてきた娘だから」ということで綾子が付けたからだが、まもなくシベリアから還ってきた父の俊雄は、たいそうその名を気に入っていたという。きびしいシベリア出兵からようやく解き放たれた俊雄には、一刻も早く世の中の不穏がおさまり戦争が鎮ってほしいという思いがあったからだろう。

まもなく俊雄、綾子はしづ子といっしょに、当時俊雄がつとめていた熊谷組の社宅のある横浜市西戸部町に転居、そこで親子三人の水入らずの生活をはじめることになる。やがて綾子は二人めの子を身籠り、一九二二年の十一月に女の子を生み、その子には光子という名を付けた。だが、二歳になったばかりの光子と、五歳のしづ子をつれて綾子が隅田川の船遊びに行った晩に、光子は急性上昇性の小児麻痺という手のほどこしようのない病気に罹って四歳で死ぬ。その妹光子の死が、しづ子にとって一番最初に経験した肉親の死となった。

しづ子はのちに、妹の命日にこんな俳句を詠んでいる。

いなづまに早世の次女の貌忘る

一九五一年九月二十八日の句だが、命日をきっちり覚えているほど光子を悼んでいながら、「貌忘る」とつき放しているところに、独特の哀調がながれている句である。

しかし光子の死から四ヶ月経った一九二五年一月、綾子は三人めの子を出産する。三女となる正子である。命名した俊雄は「正子」と書いて「さだこ」と読ませた。俊雄は今度こそ男の子を希《のぞ》んでいたのだが、綾子は正子《さだ》を、死んだ光子の生まれ変わりだと信じてよろこんだという。

しづ子はその正子とともに、両親の深い愛情をうけて育てられる。しかし、温和しく内気だった正子よりも、小学校時代から活ぱつで背が高く、成績もよく、色白で可愛いい顔だちだったしづ子に父の俊雄の期待は集中した。明治から大正に入り、社会にデモクラシーの気運が高まっていた頃だった。容姿が整っているだけでなく、すべての科目で最優秀の点数をとってくるしづ子に、いつのまにか俊雄は「将来の理想の日本女子」の姿を重ねるようになっていた。

そんな父の期待を背にうけ、しづ子は西巣鴨第一尋常小学校を卒業し、ほとんどの同級生が就職するなかで、東京淑徳高等女学校にすすむ。しかも、しづ子は受験当日に肋膜炎に罹って咳がとまらず、満足に答案を書くことができずに、思いがけず不合格となるのだが、俊雄のすすめで当時としては珍しい一年間の「受験浪人」の生活に入り、翌年改めて受験し直して合格するのである。いかに父俊雄がしづ子の将来に大きな夢を託していたかがわかるというものだろう。

と、ここまでしづ子と俊雄の父子愛ぶり、二人三脚ぶりをのべてきたが、じつはしづ子の出自や家族のことについては、「本当は私生児だった」とか、「父親は中国で日本軍のスパイをしていた」とか、「警察に追われる身だった」とかいう説がある。いわゆる「鈴木しづ子伝説」とよばれるもので、その後しづ子が各地を転々とし、岐阜県の基地のある町那加《なか》でダンサーとして働きはじめたことについても、「娼婦になった」、あるいは「彼女はパンパン俳人だった」などといった、口さがない流言がとびかったのだった。

たとえば、古今の名句名歌を渉猟した大岡信氏の名著『折々のうた』（一九九〇年、岩波新書）には、しづ子の代表句「コスモスなどやさしく吹けば死ねないよ」が紹介されているが、句のあとに添えられた作品の解説、および作者略歴はこんなふうに記されている。

まず作品の解説は

――『指環』(一九五二年)所収。戦後まもないころ句界に出現、奔放な作風で異色中の異色と評判になった人。岐阜の米軍基地周辺のナイトクラブでダンサーをしている時、本国に妻子をもつ黒人兵と熱烈に愛し合う仲となったが、恋人は朝鮮戦争で戦死、彼女は後を追って服毒自殺した。ここに掲げたのは代表作として有名な句。下司な勘ぐりに取り囲まれながらいちずな愛を貫き通す女の意地を示す句だが、切ない哀愁、句の切れ味のよさは非凡。

そして、作者略歴はこうである。

――鈴木しづ子(生没年不詳)俳人。東京生れ。東京淑徳高女卒後、一九四三年ころより作句。松村巨湫主宰『樹海』に入会。基地でダンサーをして生計を立てる。結婚を約束した黒人兵が朝鮮戦争で戦死ののち行方不明。一九五二年十月ころ二十九歳(?)で自殺か。句集『春雷』『指環』。

「幻の女流俳人」とよばれるにふさわしく、解説にも作者略歴にもあちこちに？がつくような不確定な記述が多い。まず「服毒自殺」という点については、まったくのデマであると江宮隆之『風のささやき』はいう。しづ子はたしかに一九五二年の秋以降、人前からぷっつりと姿を消し消息を絶ったことは事実なのだが、だからといって自殺をとげたなんていう証拠はまったくない。だいたい死亡しているか生存しているかさえ不明であり、生きていれば現在九十余歳になるはずと江宮氏はいい、さきの稲葉真弓さんの「堕ちていくことの美しさ」の末尾にもそう書かれている。生没年が不詳というのも変で、さきにのべたように、江宮氏の調査により、しづ子は一九一九年佐分綾子と俊雄のあいだに神田三河町で生まれたということがわかっている。幼い頃から成績優秀で、東京淑徳高女を出て熊谷組につとめる父親のすすめで設計技師になったあたりもはっきりしている。

ただ、しづ子がいつの頃からか、四歳ちがいの妹正子の出生日を自分の出生日と偽わりはじめたことはじじつのようで、つまり（何のためかは不明だが）、しづ子はあるときから自分の年齢を四つもサバを読むようになるのである。天来の美貌ゆえに、しづ子はだれの眼からみても、一九二五年（じっさいは一九一九年生まれ）に誕生したという本人の言葉を疑う者はいなかったという。川村蘭太氏によれば、それはしづ子が俳句を詠むにあたって自らにほどこした自己粉飾の一つであり、当時から自身の出自を一種ナゾめいたものにする恣意的な行いだったのではないかとのこと。後年スキャンダルの俳人とよばれるようになったしづ子の「伝説」は、しづ子自身がつくった「偽わりの顔」によるものだったという見方もあるのである。

江宮隆之『風のささやき』をもう少し追ってみよう。

淑徳高女への入学をめざし、しづ子が浪人生活を送っていた頃、父俊雄の妹、しづ子の叔母にあたる朝子が、神田の中央工学校で製図を学ぶために横浜のしづ子の家に寄宿することになった。熊谷組の有能な技術師だった俊雄は、将来は独立して建設業をやりたいという夢をもっていたので、妹の朝子に製図を覚えさせて自分の仕事を手伝ってもらうつもりでいたのだ。朝子は通学のかたわら、しづ子の「家庭教師」となって勉強を教えてくれ、そのあいだに自分は製図やトレースの練習をしていた。そんな朝子をみているうちしづ子は、何となく自分も大人になったら、父親の建設業に役立つ設計関係の道にすすみたいと考えるようになる。

淑徳高女を卒業後、しづ子は朝子が通う中央工学校ではなく、その頃新設された職業訓練養成所に入って製図を学んだ。半年でそこを修了すると、向島にあった工作機械などをつくる岡本製作所に就職する。当時女の製図工はめずらしく、工場の男たちには好奇の眼にさらされたが、しづ子はどこ吹く風といった顔で毎日勤勉に働いた。そして、ようやく仕事に慣れてきた頃、日頃から何かとしづ子に目をかけてくれていた村山という設計課長から、社内に創設されたばかりの「俳句サークル」に入らないかとすすめられるのである。しづ子は、叔母の朝子がいつか『アララギ』という短歌雑誌をもってきて、「私、短歌をやろうと思うの」といっていたのを思い出した。どうせやるなら朝子と同じ短歌より、俳句をやりたいという競争意識がわいた。淑徳高女の頃から、人一倍の読書好きで、夏目漱石や太宰治などの小説はよく読んでいたし、詩や作文を書くことも嫌いではなかったから、自分にも俳句ぐらいはつくれるのではないかと思った。何より、「短歌の三十一文字にくらべたら、俳句はたった十七文字、そこがムツカシイところであり、楽しいところでもある」という村山の言葉が、なぜかしづ子の心をウキたたせたのである。

かくて、しづ子の俳句の猛勉強がはじまった。村山（山櫻という俳号をもっていた）から借りた山口誓子や水原秋櫻子の句集をむさぼり読み、とくに気に入った誓子の句を真似て何句かつくった。いったん針路をきめたら、それにむかって猪突猛進するのがしづ子の性格である。

誓子の影響をうけたと思われるしづ子の、ごく初期の句にこんなのがある。

欲るこころ手袋の指器に触るる

これは一九三八年に三省堂から刊行されていた山口誓子の句集『炎昼』にのっていた、「回想の手袋」と題された手袋ばかりを詠んだ俳句にしづ子が触発されて書いた句といわれる。山口誓子といえば、それまで花鳥風月一辺倒だった俳句界に、人間の感情と生命感の表出の重要性をかかげて登場した革命的な俳人だった。その誓子の「手袋の十本の指を深く組めり」とか、「手袋に純白の白を惜しまざる」といった句にしづ子は心を波立たせ、ある日銀座の陶器店でみつけた好きな器に指を触れたときの感触を、しづ子なりの感傷をこめた俳句にしてみせたのだ。

ところが、この句が後年になってしづ子が加わった俳句誌『樹海』に発表されるや、「器とは男性器のことではないか」とか「これは彼女の私生活の一端をのぞく句ではないか」といった風評がたつ。しづ子には、同じ指を題材にした句が他にもいくつかあって、岡本製作所の作業中指に怪我をしたときには

いちじくに指の繃帯まいにち替ふ
いとしくもほどけかかるよ指の凍て
指の凍てふるるにあらぬ聡き肌

などとも詠っているのだが、無責任なゲスの勘繰りにみちた「しづ子伝説」にかかると、どんな句もその傾向のものにとられてしまう、と『風のささやき』の著者江宮隆之氏はなげく。

同著によれば、この句にある「器」は正真正銘のガラスの器のことで、勤め帰りに銀座の骨董店でみつけたヴェネチアングラスがあまりに美しく、しづ子はしばらく見とれていたのだが、そ

のときそばにいたのが、松木という最初の恋人となる男だった。松木は府中の騎手養成所を中退して岡本製作所に入ってきたという変り種で、俳句や小説のことにもくわしい文学青年でもあった。長身のしづ子より頭二つも背が高く（それが原因で騎手になれなかったらしい）、俳優のような相貌をしていた。しづ子は、松木も気に入ったそのヴェネチアングラスをできれば買いたかったのだが、二人の給料を合わせても手のとどかぬ高級グラスである。そのときのしづ子の「欲るころ」をうたったのがこの句だったのだというのである。

ただ、筆者のようなゲス組からすると、たとえ「器」が男性器を表わすものではなかったにしても、この句はじゅうぶんに官能的であり蠱惑的である。『風のささやき』は、最近までご健在だったしづ子の妹正子さんをふくめ、周辺の縁者たちへの取材を重ねて、鈴木しづ子が当時としては非常に都会的な容姿をもった美人であり、何より指の美しい女だったという証言を得ている。しづ子自身、そうした自らにそなわった肉体的要件はじゅうぶんすぎるほど認識していただろう。たまたま松木とデート中に、銀座の骨董店でみつけたヴェネチアングラスの魅力が、この句の柱になっていることは事実なのだろうが、器に「触るる」しづ子の指先の動きが、読み手を一種ふしぎなエロティシズムの世界に誘《いざ》なうこともまた事実なのである。

そうこうしているうちに、日本は太平洋戦争に突入した。

一九四一年十二月八日早朝、しづ子は岡本製作所の女子寮の食堂のラジオで開戦を知る。俊雄、綾子、正子はすでに横浜をはなれ、熊谷組の本社のある福井に貸家をみつけて引っ越していたが、しづ子は一人女子寮にのこる生活をえらんだ。それまでは進学から就職まで、何から何まで父親の俊雄の庇護のもとで生きてきたしづ子にも、二十三歳の女としての自我がめばえていた。何より、恋仲となった松木とはなれるのがイヤだった。米英との戦争がはじまってから、製作所の仕事はあきらかに軍需工場化していたが、まだ東京では平穏な生活が保たれていたし、できるならしばらくはここで工員として働きながら、ようやく面白くなりかけてきた句作に励みたいとしづ子は考えていたのだ。

しかし、一九四三年夏、松木のもとにも召集令状がとどく。

一九四三年といえば、開戦いらい連戦連勝を報じていた大本営の発表にも翳りがみえはじめ、前年のミッドウェイ海戦での大敗につづき、アッツ島でも日本軍の劣勢が伝えられ、兵の不足はだれの目にもあきらかだった。松木のように府中の競馬場にいたときから肺を患い、二十歳での徴兵検査に落ちた者にも、再応召の命令が下ったのだ。松木は令状をもらった五日後に、南方戦線に出征してゆく。背は高かったが病弱な身体で、いつも咳をしていた松木には、たぶん召集はこないだろうと根拠のない希望を抱いていたしづ子はうちのめされた。

松木のいない製作所でのしづ子の暮らしに、唯一のこされた希望は俳句だった。戦争になってからも村山山櫻は「俳句サークル」を解散せず、以前にもまして熱心に句会をひらいていた。句会の開催は月に一回だったが、ある日『樹海』の主宰者である松村巨湫を講師に招いた。巨湫は『石楠』系の門人のひとりで、正岡子規の弟子である河東碧梧桐の流れをくむ、無季語、不定型の新興俳句を詠んでいる俳人。村山の熱心な推せんもあって、しづ子は『樹海』に入会することになった。もちろん入会の動機は、従来の俳句にはない巨湫の新しい自由律の句風が気に入ったからでもあったが、一日とて戦地にいる松木のことを忘れることのできないしづ子には、今はすべてを投げ捨てて俳句の道に没入していたいという思いがあったのだった。それには、『樹海』という新しい発表の場を得ることが一番ではないかとしづ子は思った。

戦火のはげしくなるなか、しづ子はひたすら松木の無事の帰還と、福井の家で病床にふしている母綾子の回復を祈る句をつくる。

かたかげや警報とかるる坂の下
青芒の一つ折れしがふかれてゐる
母は病む十薬の花咲きさかり

そして、東京への空襲がますますはげしくなり、毎日のように製作所の防空壕に逃げこむ暮らしがつづくなかから、こんな秀句が生まれた。

炎天の葉知慧灼けり壕に佇つ
東京と生死をちかふ盛夏かな

どちらも、のちにしづ子の代表句の一つといわれるようになる句である。

雨のようにふりそそぐ焼夷弾、炎上する家々、この世の終わりかと思えるような阿鼻叫喚の風景、すでに「生きる」ための「知慧」さえ灼けつくされ、ただ茫然と焼け野に立ちつくすしかない庶民の姿が、とても俳句を習いはじめて数年という初心者とは思えぬ、キレ味するどい自由律句のなかに詠みこまれている。

「東京と生死をちかふ盛夏かな」は、ふつうに考えれば、八月十五日の敗戦日をむかえたときの句のように思われるが、おそらく空襲の範囲がしだいに拡大され、一九四五年四月に東京北部、五月二十五日に山の手方面が大焼失した頃に、すでに構想されていた句ではないだろうか。もはや製作所のある向島にも、戦火がおよばぬという保証はなかった。「東京と生死をちかふ」の表現には、しづ子のように「東京に暮らすことをえらんだ者」のすべてが抱いていた、戦災死への覚悟が詠みこまれているのである。

一九四五年八月十五日、終戦。しかし、松木は帰ってこなかった。

それまで一ヶ月に一通はとどいていた戦地からの便りが、前年の夏頃から途絶えがちになっていたし、相変らず大本営は日本の勝利を高らかにうたっていたものの、もれ伝わってくるのは、アジアのあちこちで日本軍が敗退しているという噂ばかり、しだいに戦況がきびしくなっていることは内地にいるしづ子にもわかった。また一九四五年に入ると、一年前から結核で入院していた村山山櫻が亡くなり、岡本製作所の句会は自然解散、やがて『樹海』も休刊に追いこまれた。配給制の紙が不足しはじめたからで、政府による新聞や雑誌の統制が加速し、綜合雑誌で辛うじて生きのびているのは、『中央公論』『現代』『公論』くらいだった。

句会の解散、『樹海』の休刊は、これまで辛うじてしづ子をささえていた命の灯が消えたにひとしかった。松木のいない孤独な日々、句作まで取り上げられたしづ子はどうやって生きてゆけばいいのか。

戦争が終ると、奇跡的に空襲をまぬがれ無傷だった岡本製作所は、進駐してきたＧＨＱ（連合国軍総司令部）に接収されることになった。しづ子は製作所のツテを頼って、東芝の府中工場に再就職した。村山のいない、句会のない、おまけにアメリカ軍にのっとられたような岡本製作所に、もはや何の未練もなかった。

そこへ、故郷の福井から「ハハキトク、スグカヘレ　サダコ」の電報がとどく。日頃から血圧が高く、寝たり起きたりの生活をしていた綾子の体調を案じて、しづ子は二ヶ月前にも見舞いに帰郷していたのだが、まさかこんなに急に悪くなるとは思っていなかった。しづ子は着替えもそこそこに福井にむかった。だが、福井市明里町の家についたときには、もう綾子は冷たくなっていた。その頃父の俊雄は熊谷組の福岡支社長になっていて、戦後の復興事業で猛烈に忙しく、やはり綾子の臨終には間に合わなかった。だから、綾子は末妹の正子一人に看取られてさみしく旅立ったのだ。しづ子は俳句の道をすすんだ自分を、綾子が俊雄以上に理解し、応援してくれていたことを知っていた。出征した松木が帰ってきたら、会社をやめ結婚したいということも母にだけは打ちあけていた。しづ子はそんな母に対して、何一つ恩返しできなかった自分の親不孝を思い、物いわぬ綾子の枕辺で泣きくずれた。

そして、そんなしづ子の悲嘆に、追いうちをかけるように松木戦死の報がもたらされるのである。

綾子の葬儀を終えてまもないある日、東芝工場に松木の母親だという老女性が訪ねてきた。「息子は硫黄島で戦死しました。つい先日戦死公報がとどきまして、応召する直前、息子からあなたのことをきいておりましたので、こうしてお知らせにあがったしだいです」。すでに戦争が終って半年をすぎ、心のどこかで最悪のことを覚悟していたとはいえ、それはあまりにむごい最期通告だった。涙をぬぐう松木の母の前で、しづ子は声もなく立ちつくした。

母の死、松木の戦死、師村山山樱の急逝と句会の解散、そして東芝への再就職と、一九四五年の終戦から翌年にかけては、文字通りしづ子にとっては激動の時期であったが、たった一つ光明となったのは、一九四六年二月に一大決心をして出版した処女句集『春雷』が、思いがけず俳句界で大きく取り上げられたことだった。

じつはしづ子は、まだ母が健在で松木も生死不明だった頃から、ひそかに句集の発刊をめざしていた。最初はそれまで貯めていた金で自費出版しようと考えていたのだが、原稿を持ちこんだ羽生《はぶ》書房という小さな出版社が、「この作品なら社の企画で」といってくれたのだ。しづ子はあらためて、自分にはもう恋は必要でなく、俳句さえあれば生きてゆけるのだと、自らにいいきかせた。

句集のタイトルは「春雷」になった。『樹海』の句友や羽生書房の社長羽生通成に相談したところ、「いつかしづ子さんは、雷の鳴るなかで生まれたといってましたね。『春雷』というのはどうでしょう」。だれもが「春雷」をタイトルに推した。

その『春雷』におさめられた何句かを、アットランダムに紹介すると、

ぬぐふ指さむく寄せくる潮のおと
寒き夜やをりをりうづく指の傷
冬雨やうらなふことを好むさが
あめにぬれあやめ咲きをり高架線

「指」や「雨」をテーマにした句が多い。「指」はやはり、工場で作業中に怪我をしたときの句である。

他には、貨車や駅など、鉄道に関する俳句が多かった。愛する人との別れや出会いが繰りひろげられる駅舎は、まさしくしづ子の人生そのものの出発点であり到着点だったといえるだろうか。

ひろき野の駅昏れゐけりラッセル車
炎天の草の径尽く駅の道
炎天の駅みえてゐる草の丈

句集『春雷』は爆発的に売れた。俳句界だけでなく、当時の文芸書としても異例の大ヒットとなった。初版が一千五百部の句集は、僅か半年のあいだに初版と合わせ五千部を突破、戦争によって長く抑圧されていた言論や創作への庶民の飢えも、『春雷』がベストセラーになった背景にあっただろう。同じ俳句でも、どこか破天荒でまっすぐな、女性自立の意識をもったしづ子の自由律句は、多くの読者に「新しい時代」の到来を予感させる魅力をもっていたのかもしれない。

いずれにせよ、鈴木しづ子は処女句集『春雷』の刊行によって、一躍俳壇のスターとなったのだ。

一九四六年一月号から復刊した『樹海』に、しづ子の句が再登場したのは『春雷』が出て約半年経った頃だったが、評論家や先輩俳人のしづ子の句に対する眼は以前とまったくちがっていた。「純粋な感情の表出」「クールな感性」「女性らしいロマンチックな情感」等々、だれもがしづ子の才能に瞠目する感想をよせた。しづ子の句が毎号発表されるようになると、しだいに『樹海』の読者も増加し、他の結社から『樹海』に入会する若い世代もふえてきた。松村巨湫は、まな弟子鈴木しづ子の急成長ぶりに眼をほそめた。しかもそれが、主宰誌である『樹海』の会員拡大につながるのだから喜びは一入だった。

ただ、巨湫は『樹海』の主宰者としてはしづ子の再登場をよろこんだが、鈴木しづ子の俳句のすべてを支持していたわけではなかった。「北風のなか昂ぶり果ての泪ぬぐふ」「明星に思ひ返せどまがふなし」などには、「これはまったくの演技、観客を十分考慮に入れたお芝居、効果が計算されている」といった核心をついた評を寄せ、俳人鈴木しづ子が生来持ち合わせていた「捨て身の演技性」に拍手を送りつつ、どこかでその将来を危ぶみもするのだった。

そうした巨湫の予感は当って、新人俳人鈴木しづ子の名声が高まるにつれて、いっぽうでは例の「しづ子伝説」も加速した。

復刊後の『樹海』に投じたいくつかの句――たとえば「寒の夜を壺くだけ散るちらしけり」、「背信や寒をはなやぐちまたの燈」、「冬雁のむらだちゆくや過去は過去」、そういった戦死した婚約者松木の面影を忘れようとするしづ子の焦燥感が生んだ句、今や過去の一切をふりすてて生きてゆかねばならない女一人の孤独をあらわす「背信」、「過去は過去」、それに「壺くだけ散る」という表現までがアゲ足をとられ、ことごとく男と男のあいだを渡りあるく不貞女流俳人の句ときめつけられたのである。

たしかに松木を喪ったあと、しづ子は岡本製作所の句会にきていた三歳下の一橋大生池田政夫と恋におち、約一年の交際をへて、最近池田からプロポーズされていた。しかも、その池田との恋愛の進行中にもう一人、府中の東芝工場で知り合った関という男のもとめにも応じていた。そんなしづ子の身体の芯にねむる、「恋に恋する」はげしい情念の炎が、知らず知らずのうちにしづ子の詠む俳句をより官能的な表現に駆りたてていったとしてもふしぎはなかったろう。

そういうしづ子の一種無節操ともいえる奔放な「恋愛観」「結婚観」を決定づけたのには、その頃評判をよんでいた田村泰次郎の小説『肉体の門』の影響があったと江宮隆之の『風のささやき』は伝える。七年間の兵役を終えて一九四六年に復員した田村が、第一作『肉体の悪魔』の次に書いた作品がそれで、戦後の焼け跡ビルで共同生活をおくる娼婦たちの生々しい痴態を描いたものだった。しづ子は『肉体の門』（掟をやぶったヒロインのボルネオ・マヤが娼婦仲間からリンチをうける場面が話題になった）が刊行されたときにすぐそれを読み、「ここには女性の解放がある」「これが戦後なのだ」と確信する。そして、思うのだ。自分もまた、俳句の世界であらゆる既成の掟をやぶるボルネオ・マヤのような女流俳人になりたいと。

小説『肉体の門』はその後映画にもなり、しづ子は府中の工場近くの映画館でそれも観たのだが、そこで作者の田村泰次郎がはっきりと「戦後の日本人があるべき姿」を照らし、そこには何をおいても「個人の自由」が尊重されるべきであるという主張が掲げられていることを確認したのだった。

当然、『肉体の門』を読んだあとのしづ子の句は、徐々にはげしさをましていった。

肉感に浸りひたるや熟れ石榴《ざくろ》
性悲し夜更けの蜘蛛《くも》を殺しけり

二句とも、松木を忘れられぬまま池田に身をゆるし、そのプロポーズに何の答えもせぬまま、今では俳句も文学もわからない金持ちのボンボンである関に抱かれているというしづ子の、いわば愛憐地獄といってもいいような状況を詠った作品である。

しづ子が関と正式に婚約したことを知った池田は、一橋大を出て就職した三井物産の北海道小樽支店に勤務するようになる。池田は池田でしづ子への思いを断ち切れず、あえて東京の本社ではない北辺の町小樽への就職をのぞんだのである。

その頃のしづ子の句を列挙する。

燈下こまかくつづるわが履歴
婚約や白萩の花咲きつゞき
秋蛾堕つ初恋の男慕はしからず
山の残雪この夜ひそかに結婚す
雪崩るるとくちづけのまなこしづかに閉づ
まぐはひのしづかなるあめ居とりまく

六句めの「まぐはひ」は性交渉をさす。

こんな句が連作されれば、だれもが「しづ子伝説」の虜《とりこ》になることは必至だったろう。これまでしづ子の句を「文芸」として好意的にみていた評論家のなかにも、「鈴木しづ子俳句の退廃ぶりは度がすぎている」といい出す者があらわれた。しづ子ののたうつような愛別離苦の体験から生まれた句が、たんに欲情のおもむくままに書きつらねた「下卑《げび》た俳句」と評されるようになったのである。

関と結婚するため、しづ子は東芝をやめた。二人は一九四八年十二月三日に松村巨湫を主賓にむかえて祝言をあげ、しづ子は二十八歳で関の妻となった。そして、ほどなく妊娠、しかししづ子は堕胎の道をえらんだ。僅か一年のうちに、文学も俳句も知らぬ無味乾燥な関との結婚生活は破局に近づいていた。同時に、しづ子の心奥には別れた池田への思慕がしだいに高まっていった。一日も早く関との暮らしを清算して、池田の住む小樽へゆきたい。

関への嫌悪感と、その人と無防備に結ばれた己が性に対する悔恨、池田への愛のあいだをゆれうごくしづ子の句がある。

ふたごころ在るをさげすむ夕かなかな
第一信きたる春南風の月細き
関といふ姓の感じや寒桜

解説が要らぬほどせつない、しづ子の赤裸々なふたごころ、二股愛の告白である。第一信というのは、小樽の池田からとどいた初めての便りのこと。それからしづ子は夫の眼をぬすみ、繁く池田と文通するようになる。もう離婚は時間の問題だった。

しづ子は一九四八年暮れ、関との結婚を解消した。怠慢な関がまだしづ子の名を入籍していなかったことも、二人の別離をかんたんにしたのだった。

衝動に身をまかせるように、青函連絡船で函館にむかい、小樽をめざす。いざ関と離婚すると、何か心身とも自由な世界に放たれた気がして、小樽にいる池田と会いたいというより、一人の女として自立したいという思いに駆られた旅だった。心機一転、見知らぬ北辺の地に立つことによって、これまでとはちがう新しい俳句が詠めるのではないかという期待もあった。

だが、『風のささやき』によると、結局しづ子は小樽で池田とつかのまの再会を果たしたものの、それ以上の発展はないまま小樽を去る。しづ子は関と離婚したことも池田には告げなかった。そのことを知って、池田の自分に対する思慕が再燃することがこわかったのだ。「待っていていいのかい?」と問う池田に無言のまま、しづ子は小樽駅から夜汽車にのる。これまでのすべての男にそうであったように、しづ子は池田を拒否もせず受け入れもせず、心のなかで「さよなら」とつぶやいて別れるのである。

つぎにしづ子がむかったのは、愛知県犬山市だった。犬山市の妙海寺には鈴木家代々の墓があったが、二年前に亡くなった母綾子の墓はまだ建っておらず、墓地の片すみにひっそりと卒塔婆一つがあるだけだった。墓前にぬかずきながら、「私がかならずお母さんの立派な墓を建ててみせるから」としづ子は誓う。

しかし、関のもとを強引にとび出し、旅行鞄一つで小樽、犬山をさまようしづ子に、将来の安定した職があるわけではなかった。ときおり松村巨湫の『樹海』には投句していたが、そんなものので食いつなげるわけはない。今となっては、ベストセラーとなった句集『春雷』のかなりの印税を、羽生書房の羽生通成から差し出されたとき、「私は句集が出ただけで満足なのですから」と辞退したことが悔やまれたが、あれはあれで自分の本心だったのだから仕方ないと思う。

しづ子はそのとき、ふっとダンサーになってみようかと思った。以前、工場近くの映画館で「肉体の門」を観たときに、とつぜん「女が一人で生きてゆくには」という思念がしづ子の心底にわきあがり、走り書きするようにこんな句をつくったのを思い出した。

ダンサーになろうか凍夜の駅間歩く

映画のなかで痴態を繰りひろげていた女たちの、愉悦と哀しみにみちた表情が思い出され、自分までもがそのなかの一人であるような錯覚におそわれるのだった。関東小政のおせん、ボルネオ・マヤ……そんな娼婦たちが命がけで生きている姿をみたとき、これまで自分はどれほど命がけでこの世を生きたかと、しづ子は自らの心に問いかけた。自分にも娼婦にはなれなくとも、ダンサーくらいだったらなれるのではないか。

一九四九年秋、しづ子は犬山市に近い占領米軍の空軍基地がある岐阜県那加（現・各務原市）の小さなアパートに移り住み、新聞広告にでていたキャバレーに踊り子としてつとめはじめる。

その、しづ子が那加のキャバレーで踊り子になった前後の句――。

花吹雪岐阜へ来て棲むからだかな
花の夜や異国の兵と指睦び
黒人と踊る手さきやさくら散る

「流転」という題名がつけられ、『樹海』一九五〇年一月号に収載された句だったが、松村巨湫はじめ多くの俳句仲間は、これらの句によってしづ子が結婚、離婚をへて、今では米軍兵相手のダンサーとなっていることを知った。なかには「とうとうここまで堕ちたか」などという者もいたが、久々のしづ子の投句に拍手をおくる読者は少なくなかった。巨湫はそんなしづ子の再起を心からよろこんだ。どんなに「情痴俳句」とか「パンパン俳句」とか蔑《さげす》まれようと、俳人鈴木しづ子にはそんな批判にビクともしない本モノの「句の力」があると考えていたからだ。

しづ子が最初につとめたのは、那加市内の中級のキャバレーだったが、まもなく身入りのいい「KBK」というアメリカ軍専用のキャバレーにうつった。製作所時代に短期間英会話を習ったことがあり、気の合う同僚とよくダンスホールにも行って踊っていたので、那加の踊り子のなかではしづ子はかなり重用される人材だった。加えて、当時の女としては背が高く、目鼻立ちの整ったしづ子の西洋風な容貌は、大いに外人客たちの人気をあつめたのである。

その頃のダンサーという職業は、チケットを買った客から指名されてダンスと酒の相手をするというもの。それがきっかけで、特定の米軍将校のオンリー（囲われ娼婦）になる者もいたが、大半はダンスを踊り、話し相手をつとめるだけのダンサーだった。定期給はなく、客の入りに応じて支払われる歩合と、贔屓《ひいき》客から貰うチップを頼りに生活している女たちで、むろんしづ子もその一人だった。

そんなある夜、一人の黒人兵が「KBK」にあらわれた。あとから知るのだが、つい最近朝霞基地から那加へ赴任してきた進駐軍の第二十四連隊の伍長で、名をケリー・クラッケといった。

長身で彫りの深い顔は、これまで店にきた客のなかでは群をぬいたイケメンだった。日本語もおどろくほどうまかった。しづ子は一、二どケリーの踊りの相手になったが、他の米兵はしつこく閉店後のデートに誘ってくるのに、ケリーにそんな気はないようだった。静かに紫煙をくゆらせながら、自分の名を名のったあとで、しづ子の名をきいただけだった。ケリーが店を出て行ったあと、「きれいな黒人さんね」、たちまち店内には踊り子たちの嬌声がおこった。

つぎにケリーが店に姿をみせたのは、客としてでなくＭＰ（ミリタリーポリス）の伍長としてだった。店で米兵同士の大喧嘩がはじまって、それに周りの客も加わって大騒ぎになった。店の経営者があわててＭＰに電話したのだが、そのときに二、三人の若いＭＰを引きつれてやってきたのがケリーだった。「ＫＢＫ」はアメリカ軍専用のキャバレーだったので、こうした米兵同士の喧嘩は日本の警察では収拾がつかず、何かあるとすぐにＭＰの憲兵に連絡することになっていたのだ。それまでつかみ合いの喧嘩をしていた酔客も、喧嘩の輪の真んなかに立ったケリーが、「ＭＰだ。喧嘩はこれで終り。責任者を拘束する」と一カツすると、急にしゅんとなってへたりこんだ。ケリーは若いＭＰをつれて店を出るとき、立ちすくんでいるしづ子にむかって「しづ子さん、怪我はなかったですか?」と、流暢な日本語できいた。しづ子はケリーが自分の名を覚えてくれていたことに感激した。国籍はちがっても、モテル男とはこういうものなのだろう。しづ子の心奥で、また新しい恋の実がはじける音がする。

では、しづ子はやはり世間がいうように、ふしだらな恋多き女だったのだろうか。
以前、『樹海』の何月号かに送った句に、「しづ子伝説」派をよろこばせるこんな句があった。

遊び女としてのたつきや黄水仙

ここにある「遊び女」とは、けっして遊女でもなければ娼婦でもない、場末のキャバレーの片すみで踊るダンサーにすぎないのだが、しづ子が詠むとこんなふうになる。「のたつき」（「伸び立つ」の変化した語）という言い回しに、何ともいえぬしづ子俳句一流の艶《なま》めかしさがあって、読む者の心をざわめかせるのである。

しかし、こうも考える。

しづ子の俳句がしづ子の人生であるというなら、おそらくしづ子の詠む句にある奔放さ、無節操さは、しづ子自身の生にてんからそなわった時代や社会への反抗心であり、弱い庶民たちのだれもが抱いていた、新しい明日にむかって生きる希望のエネルギーだったのではあるまいか。ここにはしづ子が句にこめた庶民の、とりわけ社会の底辺に生きる女たちの魂の叫びがある。つまり、しづ子は俳句に自らの人生を投影すると同時に、人生そのものを俳句のように体現しようとした女流だったのではないだろうか。

しづ子がケリーと恋におちたのは、それからまもなくだった。

ケリーはめったに「KBK」にはこなかったが、しづ子のアパートの下にある米兵専門の「日の出食堂」にはよく顔をみせた。「日の出食堂」は連日たくさんの兵隊でにぎわっていたが、毎週一回かならず集団でやってくる二十四連隊の黒人兵のなかにケリーがいることを、親しくしている食堂の女将のともえが教えてくれた。しづ子がいそいそと身支度しはじめると、「やっぱりしづちゃんもあの黒んぼさんにイカレちゃったみたいね」と、ともえはわらった。それほどケリーは数多くいる軍兵のなかでも際立った容姿をしていて、ダンサーたちには人気があったから。

ある日、早めに食事を終えて外で煙草を吸っていたケリーを、しづ子は二階の自分の部屋に招いた。「KBK」の規則では、ダンサーは客と外では会ってはいけないことになっていたが、しづ子はその掟をやぶったのだ。ケリーも最初のうちは部屋に上るのを固辞していたが、そのうち食堂にこない日でも、直接店の横の階段をのぼってしづ子を訪ねてくるようになった。

ケリーの話はいつも面白かった。意外だったのは、ケリーが俳句や日本文学のことをよく知っていたことだった。しづ子が俳句をやっているときくと、「ぼくも俳句をやってみたいな」などといい出す。「五七五という日本独特の文芸ですね。紫式部とか和泉式部は和歌でしたっけ」、しづ子がびっくりするような女流歌人の名を口にした。きいてみると、故郷のテキサスで本屋につとめていたことがあって、そこで日本語を独学したのだという。「いつかは日本とは戦争になるとわかっていたからね。軍隊に入ったらどの部署についても日本語を知っていれば役に立つと思ってね。でも、その戦争も終っちゃって、まるでぼくはしづ子さんと話すために日本語を勉強してきたみたいだ」。

しづ子は相手の眼をみつめながら話すケリーをみていて、あ、この人は今までの男とはちがうと思った。これまでしづ子の前にあらわれたどの男よりも、温和で勤勉で、何より誠実な人柄に思えた。この人なら信じられるのではないか。一九五〇年も暮れようとするクリスマスの翌日、二人はごく自然にむすばれた。ケリーの厚い胸板に、しづ子は自分のほうから身を投げ出すようにとびこんでいった。

それから約一年は幸せだった。ケリーには母国アメリカに置いてきた恋人がいるとかいう噂もあったが、そんなことはどうでもよかった。今、この時間にケリーのそばにいられるというだけでしづ子はうれしかった。たまに二人して外をあるいていると、まるでモデル同士があるいているような似合いのカップルである。それをみて、「オンリー」だの「パン助」だのと陰口をたたく者もいたが、しづ子はいっこうに意に介さない。ダンサー仲間から「アメリカの兵隊さんはね、一ど去ったらもうおしまい。いくら惚れ合っていても、けっきょくオンリーで終ってしまう」といわれても、動じなかった。しづ子はひそかにキャバレーをやめて昼間の職場にうつり、ケリーと二人で暮らそうと考えていた。幸い、きりつめた生活のなかで貯めた金で一年くらいは暮らせそうだった。店には「東京に帰ることになった」といって、実際には日の出町とは国道をへだてた隣町の栄町にある一戸建てを借りて、ケリーとの同棲生活をはじめたのは、一九五一年春頃のことである。

その頃、詠んだのにつぎのようなのがある。

薔薇白く国際愛を得て棲めり
夏みかん酢っぱしいまさら純潔など
親のことかつておもはず夾竹桃

どれもしづ子の代表句とされる佳作だが、「国際愛」という耳慣れない言葉を使ったところに、当時まだ外国人相手の結婚に対して偏見をもっていた社会への、柔らかな抗議があるとみていいだろう。

それと、今や鈴木しづ子の俳句中もっとも人口に膾炙しているのが、前にも紹介したつぎの一句だ。

コスモスなどやさしく吹けば死ねないよ

ひょろりと長くのびた、一見か弱そうにみえるコスモスだが、やさしく吹く風にはたおれない。人間だってそうだ。ケリーのやさしい胸に抱かれてさえいれば、わたしはけっして死ぬことはない。

だが、太平洋戦争が終ってまだ五年しか経っていないというのに、日本はふたたび戦火に巻きこまれようとしていた。一九五〇年六月にはじまった朝鮮戦争は、しだいに拡大し、日本は国連軍に対する北朝鮮軍と中国義勇軍の戦争の前進基地となりつつあった。何しろ朝鮮半島といえば、すぐに手がとどきそうな隣国である。戦火がはげしくなるにつれ、物資、弾薬、燃料の輸送と補給は日本に駐留する米国軍の役目となってゆく。そしてやがて、国内における警察予備隊の設置、自衛隊の創設など「再軍備」の道へと日本を駆りたててゆくのである。

しづ子はケリーにすすめられて、タイプライターを習いはじめ、約二ヶ月でだいたいのことを習得、ケリーが配属されている那加基地のタイピストとして働きだした。ようやく昼間の仕事への転職が実現したのだ。だが、この頃からケリーの長期出張が多くなってくる。出張といっても、ケリーは兵隊である。戦況しだいで一ヶ月のあいだ朝鮮半島の戦地を往来せねばならなかった。

ケリーが任務を終えて無事に帰ってくると、しづ子は胸をなでおろし、また半月ほどして戦地に飛びたつと、夜も眠れないほどの心配におしつぶされた。

ある日、しづ子はケリーと朝霞の基地で待ち合わせた。ケリーは出撃した朝鮮半島から、九州、大阪の基地をへて岐阜に帰還する途中、朝霞の進駐軍本部によび出されたのだという。電報に「しづ子にもきいてほしいことがあるのできてくれ」とある。しづ子は胸さわぎを覚えながら朝霞にむかった。と、ケリーはいつものようにしづ子を抱きしめたあと、こういったのだ。「今年の暮れにアメリカに戻ることになった」。

今年いっぱいで二十四部隊を除隊し、アメリカの基地にうつって、いよいよ前線に出撃することになったという。ケリーがいうには、「アメリカにはしづ子を連れてゆけない」のだという。「最近、米兵がつれてゆく日本人妻のなかには肺結核に感染している女性が多く、軍当局の許可が出ない」というのが理由だった。しづ子は東芝時代に一ど肋膜炎に罹ったことがあるので、よけいアメリカ入国はむつかしいという。「いつか措置が解除されるときがくる。それまでしばらく待ってくれ。かならず、テキサスの故郷にキミをよぶから」ケリーは苦しそうにいった。

前線への出撃か、としづ子はつぶやく。もうケリーは二どと日本に帰ってこれないかもしれないな、と思ったとき、とつぜんしづ子の脳裏に、南方で戦死したかつての恋人松木の顔がうかんだ。そうか、松木も同じように、戦争によって自分の前からいなくなってしまった男だった。自分はそんな運命に生まれついた女なのだろうか。

その日、しづ子はケリーには何もいわずに、夜行で那加の家にもどった。しづ子には、那加基地の資料室でのタイピストの仕事が待っていた。ケリーの帰国を考えると気が滅入るので、とにかく今は仕事にうちこもうと思う。

十二月に入ると、いよいよケリーが帰国する日が近づいてきた。ケリーはめったに那加には帰ってこなくなり、朝霞基地からそのまま出撃することが多くなった。めずらしく暮れに三日間ほど家ですごしたあと、ケリーはいつもより大きなトランクを二つ下げて玄関に立ち、しづ子と長いキスをかわす。ケリー、わたしはあなたが好き、だれよりも好きなの。嗚咽するしづ子の肩を、ケリーの大きな腕が抱きしめた。

そうして、一九五一年十二月二十四日、ケリー・クラッケはふたたび朝鮮にむかった。

タイプ打つて必死の夏を過ごしけり
星敷ける空軍基地の夜空かな
さよならケリーそして近づく降誕祭

ケリーが発ってしまうと、しづ子にはこれまでにない虚脱したような日々が訪れた。しづ子はがらんとした那加基地の窓にめんした机で、忙しくタイプを打ちながら、ぼんやりと犬山の妙海寺の母親の墓のことを考えた。思いかえせば、母の綾子が心臓病で急逝してから五年がすぎている。「自分の力でお母さんのお墓を建ててみせる」と約束したことも思いおこした。そのために貯めた金は、ちゃんと別にしてある。しづ子はかねてから計画していた母の墓の建立に、いよいよ本格的に取り組もうと思った。それが、ケリーを失なった孤独を慰める、たった一つの方法であるような気さえする。

しづ子はケリーが出撃する前から、休日になると犬山の妙海寺に出かけ、寺の住職と相談して墓の場所や、石屋の選定、墓碑に彫る文字をどんなものにするかなどはきめていた。墓を建てる場所は、妙海寺の裏山につづく見晴しのいい高台にきまり、墓石は白い御影石にすることにした。母の墓について、父の俊雄に意見をもとめる気はなかった。熊谷組の福岡支社長となり、全国をとびまわっていて母の臨終にも立ち合えなかった父に、じつは母以外の女がいたことを知ったのは最近のことだ。幼い頃あんなに可愛がってくれた父の存在は、もはやしづ子にとって憎悪の対象以外の何ものでもなくなっていた。

そんな母親と父親について詠んだ数句。

ゐんじゆ濡る母のおもひは父のうへ

ちちははの恋の生れ処や曼珠沙華
妻死して明治の恋の了りけり

それは、ずっと以前からきまっていた運命だったのかもしれない。

たった一行、「ケリー死ス」と書かれた電報がしづ子のもとにとどいたのは、ケリーが二つのトランクを下げて那加の家を出て行ってから、ほんの十日間ほどがすぎた一九五二年正月初めのことだった。しづ子が恩師の松村巨湫に、年賀をかねた手紙を書いていたとき、「鈴木さん電報ですよ。アメリカからのウナ電です」という声に戸口をあけると、顔馴染みの郵便配達夫が一通の速達電報を差し出した。

「ケリー、ダイ」と書かれたそれを、しづ子は穴のあくほどみつめ、そのあと崩れおちるようにその場に倒れた。まさか、と思ったが、やはり、という思いのほうがつよかった。やはり松木と同じように、ケリー・クラッケもまた戦争で死んだのだ。あの、しづ子を息がつまるように抱いてくれた太い腕も厚い胸も、戦争が永遠にしづ子から奪っていったのだ。

だが、後日とどいたケリーの母親からの英文の手紙には、思いがけないケリーの死についての真相が語られていた。何と、ケリーは朝鮮に出撃する前の晩に、病床にあった母親を見舞うためにニューヨークに立ち寄り、飛行場から病院にむかう途中、バスにはねられて即死したというのだ。「胸のポケットには、しづ子さんの写真と住所を書いた封書が入っていました」と、老いた母親の手紙にはつづられてあった。

しづ子が失意の底から立ち直り、ふたたび俳句を詠むまでにはかなりの時を要した。何ヶ月も机に向かわず、鉛筆をもつこともなかった。母綾子の墓がようやく完成し、しづ子の心に句を詠む余裕が生まれるのは、その年の梅雨の季節がきてからである。久しぶりに『樹海』に投句する。

まみゆべし梅雨朝焼けの飛行場
頒ち持つかたみの品や青嵐
梅雨星やたがひいたわり持つことば
吹雪けど吹雪けどしづ子がいるよ墓の母

松村巨湫が、二冊めの句集を出さないかという相談をしに岐阜を訪ねてきたのは、一九五一年の秋が終ろうとする頃だった。

巨湫は『樹海』に投句されるしづ子の俳句を読むにつけ、しづ子を深い傷心の日々から救ってやりたいと考えていたのだった。それには『春雷』につづく第二句集を刊行するのが一番の特効薬だろう。何より、『樹海』の読者たちがそれを待ちうけていることを巨湫は知っていた。何ヶ月かしづ子の俳句が出ないだけでも、『樹海』の編集部にはあちこちから電話がかかってくる。それほど俳人鈴木しづ子の人気は高かった。第一句集『春雷』で五千部を売りつくした実力は、第二句集でも発揮されるにちがいない。第二句集の発刊は、待望のしづ子の復活であると同時に、巨湫が主宰する『樹海』のさらなる読者拡大にもつながるのだった。

しかし、それまで巨湫の申し出を断わったことのないしづ子が、その提案にだけは難色をしめした。岐阜駅前の食堂で、熱心に第二句集の刊行をすすめる巨湫に、しづ子は「今はその気になれない」旨を伝えた。処女句集の『春雷』を出したときには、あれほど心を燃やしていたしづ子なのに、なぜか今度は少しも句集発行に対する情熱がわかないのだ。母綾子の死、父俊雄の裏切り、松木の戦死、池田との恋と別れ、関との結婚と離婚。そして岐阜でのダンサー生活、ケリーとの出会い、ケリーの死……そうした出来ごとからうけた心の傷は、もはや一冊の句集を出したからといって、とうてい癒やされるものではなかったから。

しづ子は、「早く句集用の写真を」という巨湫に、仕方なくいつかケリーに希望されて那加の写真館で撮った半袖ブラウス姿のポートレートを送ったが、句集にのせるという跋文はとうとう送らないままでいた。

だが、その写真に写っていたしづ子の、左手の中指にはめられた銀色の指環をみて、巨湫はそくざに第二句集の書名を『指環』とすることにきめる。しづ子の外国女性のように長くのびた白い指にあるその指環が、何かそれまでしづ子が味わってきた愛別劇すべての刻印であり、人生の形見であるような気がしたからだ。書名は『指環』をおいて他にない、と巨湫は思った。

ともかく、あまり気のすすまぬしづ子をわきに置いて、第二句集の刊行は「樹海社」の社員の手でトントン拍子にすすんでいった。それまで『樹海』に寄せられてきた句や、私信のなかに入っていたしづ子の句を、あらためて一つ一つ丹念に読みこみ、配列をきめてゆく、巨湫の不眠不休の選句がつづいた。そんな巨湫の自分に対する愛情を思うと、しづ子もその好意をムゲにするわけにはゆかず、それに「指環」というタイトルはしづ子自身も気に入っていたので、すべてを巨湫にまかせることにした。

かくて、鈴木しづ子の第二句集『指環』は、一九五二年一月一日を発行日として全国の書店にならぶことになる。四六判、六十三ページ（うち俳句部分は五十九ページ、計百五十四句）、価格貳百拾円、人気女流俳人の句集にふさわしい、緑色の和紙を和綴じした瀟洒な装丁の本だった。

『指環』の出版記念会は、一九五二年三月三十日、神田駿河台下の神田倶楽部（現・神保町会館）でひらかれたと、江宮隆之著『風のささやき』が報告する。序文を担当したジャーナリストで文芸評論家でもあった古谷綱武をはじめ、松村巨湫、斎藤英石ら『樹海』の主要メンバー、造本を手がけた『ホトトギス』の同人池山浩山人、『俳句研究』の気鋭の執筆者神田秀夫、楠本憲吉など、日頃から鈴木しづ子ファンを自認している人々が、ズラリと発起人に名をつらねたという。

しかし、岐阜から上京した当のしづ子は、二時間ほどその記念会に着席し談笑していたが、とつぜん周りの関係者に「それでは、皆さん、ごきげんよう、さようなら」とあいさつしたかと思うと、飄然とその姿を消し、二どと会場にもどることはなかった。

のちになって、しづ子はその足でケリー・クラッケの墓参のためにアメリカにわたったとか、池田のいる小樽に行ってふたたびダンサーになったのだとか、はてはヒロポン中毒で廃人同様になって死んだとかいう噂までひろがったが、どれもが「しづ子伝説」の範疇を出ないものばかり、と江宮隆之氏はのべている。その江宮氏がのこした、数少ないしづ子案内書の一つとされる評伝『風のささやき――しづ子絶唱』でさえ、著者自身が「あとがき」のなかで、「これはあくまでも証言や俳句、評論を駆使した小説である」と断わっているので、真実のほどはだれにもわからないというのが、落ちつくところかもしれない。

ただ、今年健在であれば九十八歳になるという俳人鈴木しづ子の生涯を思うとき、だれもがあの一句のなかに、一人の女流俳人が生きぬいた血のにじむような生の痕跡をみることはたしかだろう。

コスモスなどやさしく吹けば死ねないよ　　しづ子

中野孝次と愛犬ハラス

昔とちがって、人間生活のなかで犬の占める地位はかなり上ってきているようである。愛玩用であれ、散歩用であれ、防犯用であれ、犬はもはや家族のりっぱな一員であり、飼い犬を中心に生活が回っているという家も多い。「犬が心配なので旅行には出かけられない」とか、「犬が好きなのでレストランから料理の残り物をもらってきた」とかいった言葉をよくきくが、あれもまた「人間と飼い犬がいかに同等であるか」をしめしている証左のように思われる。

カフカやノサックなどドイツ文学の翻訳者として知られ、また日本文学の批評をはじめ、小説、エッセイの分野にも卓《すぐ》れた業績をのこした作家中野孝次には、戦時下の青春をえがいた自伝的小説『麦熟るる日に』（平林たい子賞）や、深い自己洞察と美術評論を見事に結合させた『ブリューゲルへの旅』（日本エッセイスト・クラブ賞）や、記録的なベストセラーとなった『清貧の思想』などの作品があるが、愛犬との細やかな交歓をつづって映画化までされた『ハラスのいた日々』(新田次郎文学賞)を代表作にえらぶ読者も多かろう。

『ハラスのいた日々』は、ぐうぜんのきっかけで中野家に飼われることになった柴犬のハラスに、子どものいなかった中野夫妻が慰められ、励まされ、やがてハラスが中野の後半生の約十三年(というよりハラスが死ぬまでの十三年)のあいだに、いかに欠くに欠かすことのできない大切な伴侶となっていったかという経緯を書いたものだが、そこには何か、一匹の柴犬と人間のふれあいをえがいただけではない、この世に生きるものすべてにあたえられた日常の孤独や、病の苦しみ、生命あるものとの別れの悲しみまでがえがかれていて心うたれるのである。

「犬好き」の人であればむろんのこと、たとえ犬がそれほど好きでない人にとっても、『ハラスのいた日々』は一冊の人生の書として、あるいは警世の書として受けとめてもらえるにちがいない。

ハラスはひょんなことから中野家にやってきた。

一九七二年の三月、それまで世田谷の二間しかない団地に二十年近く住んでいた中野夫妻が、横浜の洋光台という新開地に家を新築して引っ越すことになった。そのとき妻の秀《ひで》の妹から「新築祝いに何かあげたいけど何がいい?」といわれて、何となく「運動不足気味だから散歩用に犬でも貰うかな」と孝次がいうと、忘れかけた頃の六月になって「生まれたばかりの可愛いいのが見つかったわ」とつれてこられたのがハラスなのだった。

いや、最初からその犬にきまっていたわけではなく、義妹から指定された練馬の獣医のところにいってみると、母親の腹の下に五匹ほどの仔犬がいて、初めは鼻の頭の黒いのが気に入ったのだが、母子をあずかっていた獣医が別の一匹をとりあげ、「これが一番乳をよく飲むし元気がいいから」とすすめてくれたのがハラスなのである。

そのとき獣医から手渡された血統書によると、何でもハラスは登録名を「甲武信《こぶし》号」といって、父犬の親は「倉田のイシ号」という日本一の賞を受けた犬で、母犬の曽祖父は「コロ獅子号」というやはり日本一に認定された名犬なのだという。

しかし、血統書付きであろうとなかろうと犬は犬である。七月中旬の暑いさかりに、車でハラスを横浜まで運んできたときには、ずいぶんダダをこねて孝次たちを手こずらせた。何しろはじめて母親や兄弟たちとひき離されたわけだから、車内で吠えまくり、啼きまくり、暴れまくり、ちっともじっとしていない。洋光台の家についたときには、犬を取りに行った夫妻はヘトヘト、妻の妹も、当のハラスもぐったり疲れ果ててねむりこんでいたという。

「ハラス」というちょっと変わった名はどうして付けられたかというと、もちろん命名者は孝次で、じつはこの犬の名は、孝次が翻訳した現代ドイツの作家ギュンター・グラスの長編小説『犬の年』に出てくる。この小説は、ナチスの勃興からヒットラーの死、ドイツ軍の隆盛と壊滅、戦後の復興にいたるまでの歴史を、ポーランドのヴァイクセル地方に生まれ育った二人の少年の眼を通してとらえたもので、その物語のタテ糸となるのが題名にある『犬の年』の犬、何代かにわたるドイツ・シェパードの血脈なのである。

遠くリトアニアの狼の血をひくペルクーンという名犬がまずいて、そのペルクーンが牡犬センタの父となり、そのあいだの子がハラス、その子がプリンツというふうにつづいた。プリンツはやがてヒットラー家に献納されて、終生ヒットラーに寵愛される。そうした犬の系譜を追いながら、時代に奔弄される農民、指物職人、少年少女らの波瀾万丈の人生をえがいたのが、この『犬の年』という大河小説なのである。

で、孝次は自分が翻訳した作品のなかで最も愛着のあるこの小説に登場する犬の名、つまり「ハラス」を、初めて飼う自分の犬の名に付けたというわけなのだ。何しろ、かの大ヒットラーの最愛の犬プリンツの父親にあたる犬が「ハラス」であり、その名から命名したというのだから、孝次がどれだけ「ハラス」の登場に熱い昂奮を抱いていたかがわかるというものだろう。

さて、生後まもなく中野家にもらわれてきたハラスは、孝次や妻秀の愛情をうけてスクスクと育った。『ハラスのいた日々』の文春文庫の増補版には、初めて中野家の一員になったハラスの成長するようすが、何枚もの写真に撮られて収録されているが、お気に入りのイスにちょこんとすわった「生後四十日、わが家にきて二日目のハラス」だとか、「造成中の花壇の周囲を元気よく駈けるハラス」だとかいった写真にうつるハラスの姿は、ただただ愛らしいというほかない。ハラスが到着してからというもの、孝次は倦かずその姿を見つづけ、まったく仕事が手につかないという状況になる。

最初に中野家にきたときの孝次の感想はこうである。

仔犬はなにをおいてもまず可愛らしい。最初の晩は玄関に古毛布を敷いてねかせたが、親きょうだいから離れて淋しいのか、クンクン鳴く。そこで居間に入れてやると、ほうぼう嗅ぎ回ってからやがてころんと横になった。その寝姿が、いじらしくもあり、愛らしくて、何度もそばに寄って見ずにはいられない。

翌朝、庭におろしてやると、まだ木も何も植わっていない荒地のままの土の上を、ころころとまるいからだで元気よく走り出した。皿に水を入れてだしてやると、ピチャピチャ音たてて飲む。そしてまた走り出す。そういう恰好、仕草、姿の一つひとつが、抱きしめてやりたいほど可愛らしく、いくら眺めていても倦きない。

ああ、これが生きものというものかと、そのとき初めてわたしに、犬を飼うことにしてよかったと、実感がわいてきたのであった。

ハラスのあどけない一挙一動に、作家中野孝次が眼を細めているようすが手にとれる文章である。「犬好き」の読者なら、わかる、わかるといった気持ちになるだろう。生前何どかお会いしたことのある中野孝次氏は、いかにも「知の人」といった風貌の作家で、いつも気むずかしい顔をして机に向っている姿が印象的な人だったから、よけいハラスの行動や動作に相好を崩している光景がほほえましく思われるのだ。

ハラスは成長してゆく。

『ハラスのいた日々』には、牛乳の味をおぼえたハラスが、牛乳屋の前を通ると店先に頭をつっこんで牛乳をせがむようになり、ついには一合入りのパックをくわえたまま帰ってくるようになったとか、散歩の途中で草ムラに鼻先を入れ、子どもたちが失なったボールをさがすようになり、とうとうそれがバケツ一杯にもなったので、遊びにきた子どもたちに返してやることにしたとか、そんなエピソードがたくさん出てくる。近所の人のなかにはハラスを「ボール探しの天才」とかよぶ人もいたようだが、何たってヒットラー寵愛の狩猟犬プリンツの父にあたる犬なのだから、それくらいの収穫は朝メシ前といったところだったろう。

また、中野夫妻がきびしく躾《しつけ》たので、ハラスは一ど足りとも家の中で排泄の失敗をしたことはなかったし、移動する車内で粗相《そそう》したこともなかった。長いドライヴでも、ずっと尿意をこらえ、休憩になるとご主人様とならんでうれしそうに長いオシッコをするというのが習慣である。中野孝次がつねにその文学のなかで訴えてきた、礼節と道義をきちんとわきまえた犬に育ったのだ。

印象にのこるのは、ある年の冬、それまで毎年夫妻だけで行っていた志賀高原の北端にある山小屋へ、初めてハラスをつれて行ったときのことである。因みに中野孝次はスキーでは一級の腕前をもっていた作家で（他に囲碁も趣味とし日本棋院の四段で何ども文壇名人位に輝いた）、毎冬ここにきてスキーをするのを大きな娯《たの》しみにしていたのだが、その山小屋ゆきにハラスが同道したことで娯しさが倍加したのだ。

孝次がスキーをしているあいだ、周囲の雪の上を縦横無尽に走り回る。山には、小さな山鼠や兎、てんやタヌキなどが栖息しているから、その臭いの痕を追って鼻をヒクヒクさせる。あんまり遠くまでゆくので、心配になった秀が高い声で「ハラース」とよぶと、雪に覆われた林のどこからかひょいと姿を現わし、すっとんで帰ってくる。そして、別に用があるわけではないことがわかると、「なんだ」という顔をしてまた遠くへ走ってゆく。そのくりかえしが、何ともいえず孝次たちの心をなごませる。

とくに可愛いのは、夕方リフトが停まって、スキーヤーたちが姿を消した頃、犬づれのスキー客（あるいは犬を飼っている旅館）から放たれた犬たちが、ゲレンデの中央に集まってきて、そこで犬だけの歓喜にみちた饗宴、ふざけあいをはじめることである。そこには大型犬から小型犬、セントバーナードの老犬から白黒まだらのポインター、黒いセッター犬にいたるまで、あらゆる種類の犬たちが十数頭も集まるのだが、ハラスは新入りのクセして少しも物おじすることなくその輪にとびこんでゆく。怖がっている気配はまるでなく、大きな犬たちのほうも、チビの犬にはそれなりに手加減して遊んでくれているようで、ハラスは何か心の底から解放感を味わっているようなのだ。孝次はその夕方のゲレンデでの恒例の犬の饗宴をみるのが大好きになり、つくづく「初めての人間同士だったらこんなふうにはゆかないだろうな」と思ったりするのである。『ハラスのいた日々』の真ん中あたりに、この「犬の饗宴」風景がでてくるが、そこではハラスは「彼」とよばれている。

犬の生涯の初めに彼がこうして同族への信頼を持つことができたのは、彼にとってもしあわせであった。犬の中には、「よそ者はみな敵」とばかりに、出会えばたちまち猛烈に吠えかかるのがいるが、ハラスには決してそういう性癖はなかった。彼はどんな犬にも、初めから信頼しきった様子でまず近付いていったのだった。

冬山で彼がとくに仲良くなったのは、Hコーヒー店の茶色の牝の雑種犬マリと、その隣のS

旅館の、ポインターの血が入った黒い牡犬ゴンであった。二頭ともちょうどわが酔蓮（注・孝次の山小屋の名）からスキー場に出てゆく角にあるので、地理的に具合よかったようだ。ゴンのほうは、いつか後肢の蹠《あしうら》を切って血を流しているのを、飼主は忙しくて気がつかないらしかったので、見かねた妻がヨーチンを塗ってやっていたわってやって以来、ひどくわたしたちになついていた。

朝、あんまりうるさくせがむので山小屋の扉をあけてやると、ハラスはほとんど埋った雪の踏み跡に真黄色い小便をかけかけ、一目散にこの二匹のお友達のほうへすっとんでいくのだった。そして、わたしたちが朝食を終えたころ、ゴンとマリと三匹になって雪の中を追いつ追われつ雪まみれになってやってくる。雪の中に埋って鼻先だけになったり、ころがったり、また勢いよく跳躍したり、牝犬マリを二匹が追っかけてもう全力で遊んでいるのだ。相当烈しい運動なのだろう。ときおり音をたてて雪をパクついては、また三匹のころげまわる輪になってじゃれ始める。

ちょうど朝日が一杯に上ったころである。あちこちに思いがけぬふっくらした山を作っている新雪を斜めに朝日が照らし、アスピリンスノーの結晶がきらきらと輝いている。影になった部分は薄紫色を呈し、木々は朱く輝き、なんともいえぬ美しさだ。

その新雪の中に、小さいからだをなかば埋没させつつ、ハラスは黒犬に負けじと懸命に牝犬を追いかけまわしている。追いつくと相手の尻に乗っかろうとし、そこを黒犬につきとばされ、また新たに三匹で追いかけっこが始まるのだった。

わたしと妻は窓から首を出し、倦かずその様子を眺めていた。これは、ほとんど幸福と言っていいようなひとときであった。

元気いっぱいスキー場デビューしたハラスが、白雪のなかをはしゃぎ回る姿が、生き生きと伝わってくる場面だが、ここで中野孝次が語っているのは、ハラスがわけへだてなく他の犬たちと戯れている光景をみて抱く、身分や財産によって人間の軽重をきめようとする現代社会、文明社会へのやんわりとした批判である。「人間同士だったらこんなふうにはゆくまい」という述懐には、雪山の自然のなかでのびのびと遊ぶハラスたちの姿に、人間として学ぶべきものが大いにあるという意味がこめられているのである。

もともと中野孝次は、自伝、評伝、エッセイという幅広い文学表現をつうじて、「人間はいかに生くべきか」「人間はどうあるべきか」を追求してきた作家だった。ある種、人生への警世書ともいえる『清貧の思想』や『ブリューゲルの旅』の他に、道元や西行、良寛といった歌人、仏僧を追った作品も多くのこしたが、いずれにもそこには、読者に「人間の生き方」を問う姿勢があった。

そういう意味では、『ハラスのいた日々』もまた、「犬とともに生きる」人間をえがく作業であったといえるだろう。ハラスの姿を通して、近ごろ現代人が喪《うしな》いつつある本当の自由、本当の幸福をあぶり出したかったにちがいない。戦後日本がつきすすんできた経済一辺倒主義、物質的豊かさのみをめざしてきた社会風潮のかたわらで、いつのまにか日本人がどこかに置き忘れてきた「他者を信頼し許し合う心」の大切さを伝えたかったのだろう。雪の山を走り回り、じゃれあう犬たちの何と健康でのびのびとした姿であることか。ここには貧富の差も生いたちの差もない、命ある者同士がもつ共歓、共生の姿がある。われわれ人間も、どうしてこのように生きられないのか。中野孝次はきっとそう問いたかったのではないか。

　話はかわるが、中野家に飼われてから二年くらい経った頃、ハラスがついに童貞を捨てるときがやってくる。ある冬の朝、洋光台の南の外れにある公園を散歩していると、どこからとなく、体型がハラスと同じようなグレイと黒のブチの野良犬が近づいてきた。いつのまにかそんな年頃になっていたハラスは、狂ったように引綱をひっぱってそっちに行こうとする。ところが、その牝犬、人間でいえば手練手管の年増女みたいな顔つきで、適当に間をあけたり縮めたり、純情なハラスをもてあそぶようにシナをつくって誘惑する。ハラスはまんまとひっかかって、そいつの腰の上にのっかってしまう。

　それ以後、孝次はその牝犬がハラスの子を妊《みごも》っているのではないかと、大いに気をもみ、なるべくその公園の近くにゆくのだが、どこに行ったのかその犬と会うことはなかった。一見野良犬にみえたが、もしやあれは近所の家の飼い犬ではなかったかと、家々を軒なみ探してまわるのだが、なかなかみつからない。だが、しばらくして一どだけその犬と再会すると、心なしか腹がふくれているような気がするのである。

孝次はこう書く。

するど、身勝手なもので、ふだんなら目にもとめぬ野良犬が急に身近な存在に感じられ、保護する者もない身空で夜はどこに過しているのだろう、何を食っているのだろう、お産をするとしてはたしてどこでお産をするのかと、そんなことまで案じられてくる。人に飼われねば生きてゆけぬ犬の身、あわれさが、わがこととして痛感される按配だった。

が、それ以後、二度とその犬と会うことはできなかった。ひょっとしてと、ずいぶんそのあたりの家々をのぞいてまわったりしたが、どこにもそんな犬が養われている形跡はなかった。もしかして腹に宿ったかもしれぬハラスの子ともども、保健所につかまるかして殺されたのかと、そんな切ない想像まで浮んでくるのである。

いまでもその牝犬のことはときどき思いだす。

一どでも犬の飼い主になったことのある人間なら、この中野孝次の感傷には、たしかに、たしかにといった合ヅチをうつことだろう。たまたま出会った年増女のような牝犬に発情期のハラスがひっかかり、ことによるとその犬がハラスの子を宿したかもしれぬと考えただけで、その母子ともどもの運命が案じられてならない、という孝次の思いがよくわかるのである。

これもまた、孝次が現代社会で稀薄になりつつある「生命の誕生」に対する畏敬の念、感謝の念を、人間の世界ではない犬の世界において再認識する、という経験だったのだろう。

それから何年かして、やはりハラスが発情期に入っていたある日、中野家の近くのS家で満一歳になったばかりの牝の柴犬を飼うことになり、娘さんの友人数人が仔犬をほしがっているというので、それではハラスとかけあわせましょう、ということになった。娘さんにポリポリという、変てこな名を付けられた可愛いその牝犬は、ある日S夫人につれられて中野家の庭に放たれる。何しろその頃すでに、ハラスは七十歳に近い年頃になっていたので、まだ二十歳そこそこの処女であるポリポリとうまくゆくものだろうかと両家では案じていたのだが、何とか首尾よく合体。しばらくして秀がS夫人から、心なしかポリポリの乳房や腹がふくらんできたという知らせをもらう。

孝次の歓びは一入《ひとしお》である。

これはわたしたちにとって胸が躍るような瞬間であった。わたしは先に、人生にはそんなに楽しい時が多くあるわけではないと言ったが、しかしたまにこういうよろこびが体内から弾けてくるような時もあるから、生きていることはやめられないのである。これはわたしに「孫が生まれた」というにひとしい、よろこばしいかぎりのニュースだった。

中野孝次、秀夫妻には子どもがいなかったからよけいだろうが、孝次がハラスの「子孫」の誕生に小躍りしている情景がうかぶ文章である。日頃から「この世の中に楽しいことなどそれほど多くあるわけはない」といい、どちらかといえばニヒリズムの作家を自認していた孝次が、手ばなしでポリポリの妊娠をよろこんでいる。こういう感覚も、「人間の世界」ではなく「犬の世界」だからこそもたらされたものであったろう。性の交わりにいたるまでに、恋だの愛だのとしょっちゅうモメゴトの絶えない人間の世界とはちがい、ただ真一文字に本能としての性の欲求を果そうとする犬たちのけなげな姿が、孝次にごく自然で幸せな、「生命の誕生」に対する感動をよびおこしたといえるかもしれない。

しかしながら、そんなハラスにも徐々に「老い」が近づいてくる。

S家の牝犬との交配のとき、「ハラスも七十近くの老犬になった」といったが、その通りで、ハラスが生後四日で中野家にやってきてから、ふと気がつくともう十二年近くにもなるのである。

それまでそんな失敗はしたことがなかったハラスが、ある日家のなかで小便を洩らしたり、孝次が外出からもどってくると、かならずすわって待っていた門扉のよこの石塀に、とうとう登れなくなったり、いつもは孝次が引き綱をもっただけで「散歩」を察知し、大よろこびで跳ねていたのに、最近は引き綱をひっぱる力が弱くなったように思われ、いよいよハラスもそんな年になったのかという寂寥感におそわれる。それは、孝次自身の「老い」と無関係ではない。ハラスが家にきたとき四十七歳だった孝次も、ハラスと同じように歳を取り、いつのまにやら六十路目前になっているのである。

いつのまにかその彼ももう、なんどでも沢に駈けおり駈け上ってきた若犬のときのようにやたらに動きまわらず、日中は陽だまりのそこここに昼寝し、暑くなれば家の影に入り、寝ていることが多い犬になっていた。若犬のときの強面は、顎も張って、いっぱしの柴犬の顔になったし、動作にも成犬らしい落ち着きを持つようになった。が、人間の七倍早く過ぎる犬の年は、同時にそういう彼の上にこそ最もはっきりと認められたのである。背中をまるめて寝る姿に、その徴候を発見して、胸がつまるような気のするときもあった。

が、彼をそんな目で見るわたしたちも、いつの間にか五十を迎え、わたしは大学を辞め、その五十代もあっという間に過ぎ去ろうとしていることに気づかねばならなかった。

犬が老いてゆくのを知るのは、人間が老いるのを見るよりも辛い。これはたぶん、犬にあっては人間よりも速かに時が流れ、また喜怒哀楽自分の思いを伝える言葉を持たぬ存在だからだろう。

若くして凛々《りり》しかった犬も、いつか日中のほとんどは日なたに寝て過ごすようになっているし、見れば目には目やにがつき始め、骨格があらわになるほど、老いの徴候はいやおうなく現れてきている。そんな証拠を新たに発見するたびに、わたしたちは情けないような悲しいような気分にさせられたものだった。

ハラスの老いと、自身の（というより人間の）老いとを重ねる孝次である。人間の老いよりも、犬の老いをみるのが辛いとはどういうことだろう。考えるに、ハラスの老いてゆく姿は、人間の老化以上に、生きるモノすべての「生」全体をくっきりと浮かびあがらせるからだろう。中野孝次は自らがガンに冒された晩年、古代ローマの哲学者セネカの思想にふれて共感し、亡くなる直前には『ローマの哲人 セネカの言葉』や『セネカ 現代人への手紙』といった本を出版しているが、そのセネカのいう「われわれが生きる人生は束《つか》の間なるぞ」「しかし、われわれは短い時間をもっているのではなく、実はその多くを浪費しているのである」――すなわち、あたえられた人生を精一杯生きることこそ大切なのだという警句を、老いてゆく愛犬の姿から喚起させせられるのである。

前述したように、ハラスを飼ったとき孝次は四十七歳、それから十二年間ハラスとともにすごしてきたわけだが、そのあいだに作家としての仕事は徐々に変貌をとげた。一九七二年（つまりハラスがきた年）に『実朝考』を発表、その後は國學院大學に奉職するいっぽう、文芸評論から小説へと軸足をうつし、一九七九年に書いた『麦熟るる日に』、あるいは『我等が生けるけふの日』、『はみだした明日』などといった自伝的小説で高い評価をうける。それらはどれもが、戦前、戦中を生きた自らの青春の蹉跌と、近現代における日本人の精神の揺曳をテーマにした作品だったが、そうした中野文学の根底にあったのは人間の「生と死」をみつめる眼差しだった。そしてそれは、たまたま中野家に飼われてきた一匹の柴犬ハラスと暮らした十二年の月日によって、いっそう深められたといってよかった。

何といっても『ハラスのいた日々』のクライマックスは、ハラスが十一歳のときにつれて行かれた志賀高原のスキー場でおきた失踪事件だが、ハラスが発見されるまでの四日間、ひたすら愛犬の行方を追いつづける中野孝次、秀夫妻の姿は、いかにハラスと中野夫妻をむすびつけていた絆が強く深いものだったかを語ってやまない。

その年の二月二日、雪山には珍しい強い雨がふる日の朝、孝次といっしょに食堂に降りて行ったとき、ハラスはとつぜん扉を鼻で押して開け、そのまま姿を消してしまう。その日孝次たちは雨でスキーが取り止めになったため、長野にスキー学校の校長やコーチたちと食事にゆく計画をたてていたのだが、ハラスはコーチらをのせて先発したワゴン車を、孝次夫妻がのった車と勘違いして追いかけ、それきりどこかへいってしまう。夜まで待っても姿を現わさないハラスに、翌朝夫妻は有線放送で近所の人に捜索をよびかけ、コーチ、親戚たちと大捜索を行なうのだが、これといった手がかりはない。無人の雪山にむかって、「ハラース」「ハラース」と大声で叫びつづけ、半狂乱になって探しあるく孝次と秀。探しくたびれて山小屋にもどり、夫妻二人っきりになると、「なぜあそこでハラスをムリにでも食堂に入れなかったのか」とか、「だいたい初めてのスキー場につれてきたのが間違いだったのではないか」とか、後悔と嘆きばかりが口をついて出るのである。

けっきょくこの事件は、どんなに手をつくしても見つけることができなかったハラスが、失踪四日めの深夜、憔悴しきった夫妻の前に奇蹟的にひょっこりと姿をあらわしたことで、夫妻はじめ関係者一同は狂喜乱舞、大団円となるのだが、ハラスを捜索しているあいだ、孝次をおそった孤独と悔いは尋常ではなかったようである。

事件のあとで、『別冊文藝春秋』に発表した「いのち触りつつ」と題したハラス失踪顚末記によるとこんなふうだ。

暗い部屋の中で目をあけていると、雪の野原を雨に塗れそぼって疾走するハラスの姿が、自分で見たわけでないのにそれだけが唯一の確実なイメージとなって浮かんで来て、ほかのすべての思いをおしのけてしまいます。物言わぬ獣だけに、想像は次から次へいくらでも、彼の気持ちはああだったろうかこうだったろうかとひろがっていって、自分で自分の傷をひろげるような結果になってしまうのです。

考えてみれば、私の半生において愛という感情をこれほどまでに無拘束に全面的に注いだ相手はいないという気さえするのでした。人間相手の場合は、相手は自分と同じ独立した人格で、性格も感情も意見もちがうから、これほど愛が純粋単一な形はとれないのです。妻は前日の午後ふたりで文案（筆者註・新聞の折り込みに入れる「尋ね犬」の文面）を作っているうち、ふいに号泣し始め、「この手で抱いて死なしてやりたかった」と言いましたが、その思いは私も同じで、この手で抱きしめつつ死別するならば、それはそれで思いの断ち切りようもあったでしょうが、こんなふうに自分たちの不注意からふいに雪山のどこかに死なせたと考えると、未練と悔恨が断てないのです。なんども二人で「諦めよう」と言いながら諦めきれず、「ハラスがいない」という事態を納得せねばと思うのですが、それがどうしてもできないのです。ハラスなき人生を始めるとは、今より全く新しい覚悟と決意をもって生き直すことにほかならないと、いなくなって初めてわかったのでした。

そして何を考えても思いはまた「いない」という事実に戻って来て、このはらわたの抜けるような感覚がすべてをおし潰してしまいます。いるときは別に何とも思わないのに、ハラスがいなくなって突然生きていることがこんなに空虚になるとは思ってもいませんでした。それは、私とていつかは彼と別れねばならぬ日の来ることを、ぼんやりと想像しなかったわけではありません。犬の寿命はふつう十数年といわれています。横浜の家の陽なたにどてっとねそべっているのを見ると、それがそのまま彼の死の姿とつながり、いつかそういう彼を庭の一隅に埋める日がくるだろうと、考えている自分に気づくこともありました。しかしいまこんな形で急にいなくなってしまうと、何者かにむりやり自分たちの生を引き裂かれ奪いとられたようで、彼は犬であっても犬でなかった、われわれの人生の一部であったとあらためて思い知らされるのでした。

「私の半生において愛という感情をこれほどまでに無拘束に全面的に注いだ相手はいなかった」――硬派中の硬派といっていい作家中野孝次の、裡《うち》にひめたハラスへの慈愛の感情がひしひしと伝わってくる述懐だが、ここには「人間にとって愛とは何か」を問う箴言がいくつも埋めこまれている。

　まず一つは、人間はそれぞれが自我をかかえる他人格の生きモノゆえに、物いえぬ犬に対するのと同じような無償の愛を供することができないということ。どんなに相手を愛していても、その愛の成就は、他人格をもつ相手が自分に対して同量以上の愛をそそいでくれて、初めて果たされるという哀しさ。そういう意味では、孝次、秀がハラスにそそいだ愛は、自分の意志を表わすことのできないハラスに対する、見返りをもとめぬ純粋愛であって、それはけっして人間同士では実現することのできないものであったということなのである。

　しかし、とにかくハラスは無事生還したのだ。生きて還ってきたのだ。孝次、秀、捜索にあたったスキー場の人々がとびあがらんばかりに歓喜し、帰ってきたハラスを抱きしめたのもムリからぬことだったろう。

　孝次の推測では、ハラスは行方不明となった四日間、（ハラスの側からみれば）とつぜん姿が見えなくなった主人夫婦を懸命に追いかけ、毎夜マイナス二十度にもなる原野、雪山を飲まず食わずで疾走し、昼間は車と人混みを避けて林の中をあるき回り、夜になると雪の国道を走って、ようやく夫妻たちのいる山小屋に辿りついたと考えられる。帰ってきたとき、ハラスはすっかり痩せこけ、首輪に孝次の手がするりと入るほどだったというから、おそらく疾走の途中水がほしくなっても、道ばたの雪の欠片をかじって喉をうるおす程度だったのであろうことが、まざまざと想像できるのだ。

そんなハラスの生還劇をふりかえると、すでに十一歳をすぎているハラスに、まだそれだけの体力がのこっていたことが最大のポイントだったことがわかる。人間でいえばすでに「初老」に達する年齢になっていたとはいえ、ハラスにはまだ恋しい飼い主を追って四日間、雪みちを疾走する体力、気力、生命力がのこっていたのである。

だが、ハラスはその失踪事件で体力のすべてを使い果たしてしまったように、洋光台の家に帰ってくると、前にもまして一日じゅう日なたでねそべっている老犬になってしまう。以前なら、晴れた日には自分から積極的に「散歩」をせがんだり、孝次が引き綱をつける前に庭に走り出して、花壇や鉢植えの周囲をぐるりと一回りしたあと、ようやく首輪に引き綱をつけてもらうといった具合に、いつもじっとしていない犬だったのが、最近は「散歩だよ」といっても、最初のうちは自分から引き綱をひっぱって歩きはじめるものの、しばらくするとハァハァと息をきらすようになる。もっともご主人様のほうだって同じで、四十代の頃には孝次もハラスといっしょに、かなり急勾配の公園の階段を駈けのぼったものだったが、最近は人間も犬も五段のぼっては一休みし、十段のぼっては一休みするといったふうなのである。

『ハラスのいた日々』には、愛犬の加齢とともに、人間である孝次自身もまた、自らの急速な老いを意識する記述がしだいに多くなってくる。

ある日曜日散歩させていると、むこうからその犬が自転車に乗った飼主をふり仰ぎながらうれしそうに走ってきた。わたしはその犬を外で見かけたことも、ましてやそんなに全身によろこびをあらわしているのを見たことはなかったから、犬のためにもよろこんだ。

が、四十半ばぐらいの飼主は犬に紐をつけずに走らせているのである。たまにしか散歩させない飼主にはままこういうやつがいる。自分のことしか考えないのだ。

（略）

凄まじい噛み合いが始まった。

ハラスは過去にも何回かこんな目にあったことがあったが、決して負けたことがなかった。が、こんどばかりは相手のほうがどうやら彼より強く、それに引綱でつながれていない有利さがある。

ハラスが「ギャオ」というような叫び声をあげるのは初めてである。

これはいかん、と思った瞬間、わたしは下駄を脱いで黒犬の鼻づらを殴った。三、四度殴った。

そのときになって、自転車で十字路をこえてしまっていた飼主がようやく事態に気づいて、あわてて駆けつつ蒼白な顔で犬の名をよんだ。犬はもう一度吠えてから、飼主のほうに戻っていった。

「この道は犬の散歩道ですからね、放し歩きさせちゃこまるんだ。噛み殺しでもしたらどうするんです」

「どうもすみません。まさかこんなことになるとは思わなかったものですから」

「たまにしか散歩させないからこんなことになるんだ。とんだ迷惑だ」

そう言い捨ててわたしは公園の中に入ったが、興奮はまだつづいていた。ハラスの首筋に小さな歯型のあとがあり血が滲んでいるのを見ると、また新しく腹が立ってきた。が、一方ではそれと同時に、いままで放れ犬に襲いかかられたことのないハラスがさきほどあげた叫びを思い出し、なにやら情ない気持にもなってくるのである。

「おまえもとしをとったな」

と、わたしは犬にむかって呟かずにはいられなかった。


いずれにしろ、ハラスの老いはいまや紛うかたもなくなったのである。日中はほとんどひなたでねている。夜は、冬などすぐ炬燵の中にもぐりこんで、イビキをかいたりしている。目やにも毎日拭いてやらねばならなくなった。

「あのとき戻ってこなかったことを考えれば、モーロクしようと何しようと、ここにいるだけでもよしとしなくちゃならないな」

わたしたちの話も、結局はいつもあの失踪事件のときの恐怖に戻って、そこから現状を受け入れることになるのであった。

わたしたちだって年々髪白く、頭薄くなり、一九八五年にわたしは六十、すなわち還暦を迎える年齢になっているのである。

ハラスの目がわるく、耳までが遠くなりだしたのにわたしたちは気がついていたが、これも抗いがたい運命と受けとらねばならぬようであった。


あたえられた命にはかぎりがある。どんな生きモノの命も永遠ではない。犬だって人間だって同じだ。そんなことはわかっているのだが、いざこうしてハラスの衰えぶりを目の当りにすると、何ともいえない侘びしさ、さみしさが胸の底からこみあげてくる。

そして、それから約一年後、そのハラスがついに病にたおれる日がやってくるのだ。

ハラスは雪山での失踪事件後、しばらくは元気で暮らしていたのだが、一九八四年（ハラス十二歳）の暮れ、またしても近所で飼っていた大型の紀州犬におそわれ、腹部に大きな裂傷を負う。あわてて運んでいった獣医のところで緊急手術をうけ、そのときは一命をとりとめるのだが、それをきっかけにたびたび体調を崩すようになった。それまでも食の細いほうだったのだが、その大怪我以降めっきりと食欲がなくなり、一日一日と体重がへりはじめる。散歩に出かけても、急に腰がくだけたようにへなへなとすわりこんでしまう。「どうしたハラス、大丈夫か」と孝次が声をかけると、必死に立ち上って歩きはじめるのだが、しばらくするとまたすわりこむといった具合である。

妻の秀が「なんだか、ハラスのおなかにかたまりがあるみたい」といい出したのは翌年の五月初めだった。たしかに手で触ってみると、腹部が固く張っている。なのに腰から尻にかけては、げっそりと痩せほそり、肋骨がうきでているのだ。病院につれて行って、診察台にのせ、レントゲン写真を撮り、血液検査をした結果、獣医は「脾臓のあたりに腫瘍があります。バイオプシーという生検をやって調べてみないと、悪性か良性かわかりませんが」といった。

つづけて、獣医はこうつけ加えた。

「良性のものなら開腹して全部とり出せば、まだ生きられますが、急激な体重の減少、触診の感じからいって悪性の可能性がきわめて高いので、このまま放置しておけば今月中には昏睡と痙攣が起きて死ぬでしょう。極度の貧血、栄養不良ですから」

「ということは、これからバイオプシーをやっても、あまり結果には期待できないということですね」

「そうですね、もし良性のものだと判断して取り出せば、一年くらいは生きるでしょうが、腎臓がかなり弱っているので、その手術に耐えられるかどうかが問題です」

この診断は、孝次自身がガンの疑いを告げられたのに等しかった。いつのまにかハラスの身体には、末期のガン細胞が巣喰っていたのだ。あまりの急な転回に、言葉を失なった夫婦はしょんぼりとハラスを抱いて帰るのだが、昨年暮れに大手術をしたばかりのハラスに、もう一ど開腹手術をさせるのはしのび難く、そのまましばらく様子をみようということになった。

だが、その後のハラスはじつにけなげで、腹部だけが異様に膨張し、骨と皮ばかりになってからも、散歩の時間になると尾ッポをふりながら孝次についてきた。言葉の通じない悲しさというか、幸せというか、近い死を知らず、いつものように主人にくっついて散歩するのである。

次の日も、その次の日もそうだった。

そんなハラスの姿をみると、獣医から「今月中」と宣告されてはいても、もしや奇跡的にこのまま回復して、以前の健康なハラスにもどるのではないかと、孝次と秀はかすかな希《のぞ》みを抱いたりした。

しかしながら、夫妻の夢は叶わなかった。それから一週間ほど経った五月十五日にハラスは死んだ。しかもそれは、たまたま孝次と秀が、それぞれ他の用事で家を留守にしていたときにだった。

ハラスの死後、作家中野孝次はハラスの思い出をいくつもの文章にしているが、そのなかで一番の佳作といわれるのが、再三引用している新田次郎賞を受賞した『ハラスのいた日々』(一九八七年、文藝春秋刊)である。子どものいなかった孝次、秀夫妻が、どれほど真摯にハラスの「生と死」と向き合い、ともに生き、ともに泣き笑い、何より自分たちにもたらされた一匹の犬の命に深い感謝の思いを抱いていたかが、中野孝次の硬質な文体と香りたつような文学性によって表現されたこの名エッセイは、おそらく「犬」を主人公にした文学作品としては金字塔ともいえる収穫の一つとなったのである。

孝次は『ハラスのいた日々』の前後にも、いくつかの「ハラスもの」を書いている。そのなかで一つを選べといわれれば、やはりまだハラスが死んでまもない、一九八五年の『文藝』十一月号にのせたエッセイ「いないという事」だろうか。

そこには、もはや家族の一員であり、まぎれもない人生の伴走者であった愛犬ハラスを喪なった孝次の、切々たる惜別の辞が語られている。

彼が死んだのは五月半ばで、折しも新緑の燃えさかる季節であった。まだ陽のある夕方、机に向う仕事から解放された私は、ながいあいだの癖で外に散歩に出ないではいられない。しかし引綱で結ばれた相手なしの散歩のなんとも心もとないことであるか。行先を決めてくれる相棒を失った私は、糸の切れた凧《たこ》のようにふらふらしていた。空は急に広く、道は白っぽくなった。そして、「もういないのだ」と胸の中に穴の開いたような空虚感にとらわれた目には、欅《けやき》や椎《しい》の若葉の輝きが、その生の輝きが、かえってむなしく映じた。しかも、どの道を歩いても、そこにはもはやいない相棒の記憶がしみついているのである。あのころは無意識のうちに、私の目は下にばかりいっていたことに思い当る。公園の低い擁壁の上を私の目は追い、道傍の草《くさ》叢《むら》の中に残された他の犬の臭いを嗅いでいた。いま、しかし引綱で結ばれた相手のない私は、昏《く》れてゆく空のひろがりにひきつけられるばかりなのである。

そしてすべての風景が、

——この街に彼の痕跡の残らぬところはない。

と語りかけてくるのだった。

私はこの文章が、犬を失った飼主の感傷以外の何物でもないことを承知している。だが、それが最も愛した相手であったとき、その死に人と犬との差があろうかと開き直る気持も私にはある。人は愛した者のためにしか悼《いた》むことはできはしない、とも思うのだ。

愛する者を喪った人間の、どこにももってゆきばのない、やるせないほど率直な心情が伝わってくる名文だと思う。

最後にもう一つ、このあと新聞に書いた「亡きあと」という小文もいい。大正から昭和にかけて活躍した社会主義活動家の荒畑寒村が、愛犬マルに死なれたときにつくった歌が紹介され、その歌についての孝次の感想がしるされているので、それも引用しておくことにする。

偶然飼い始めた一匹の犬が、自分たちの人生の中に深く入りこんで、やがてかけ替えのない存在になる――そのことを、ハラスとの日々が思い知らせてくれた。これは、犬というものを愛したことのあるほどの人にとっては、事情はみな同じであろう。

亡き荒畑寒村さんは大の愛犬家として知られ、氏の書いた犬の随筆はどれもじつにいいが、その寒村さんは愛犬マルに死なれたときこんな歌をつくっている。

　来《こ》ん世には犬と生れてわれもまた尾をうち振りてマルと遊ばな

犬を愛した人が犬の死を悲哀するのは誰も変るまいが、「犬と生れて」まで思いつめるのは寒村さんくらいのものかもしれない。

犬は言葉を話さないが、長いあいだたがいにいつくしみ暮していると、犬の気持、欲求、考えはわれわれにもわかりだすような気がする。また犬のほうでも、こっちの気分、態度、考えを相当程度理解しているように見える。ただなんといってもそこには「言葉を通じあえない」という事実が立ちふさがって、それがかえって犬という存在をいとおしいものにするのである。寒村さんはその障壁を「犬と生れて」突破し、じかにマルと話しあおうというのであり、この願いは愛犬家の究極の思いを代弁している。

水上勉と母かん

作家水上勉の作品といえば、『飢餓海峡』や『霧と影』や『海の牙』といったいわゆる社会派推理小説から、作家の故郷である福井県若狭地方や京都を舞台にした『越前竹人形』『はなれ瞽女おりん』『五番町夕霧楼』『越後つついし親不知』など情話ふうな物語、また『良寛』『一休』『古河力作の生涯』などに代表される歴史上の高僧や俳諧師を追った評伝、加えて『冬の光景』『凍てる庭』『寺泊』『壺坂幻想』等々、自らの業をあばく一連の私小説群にいたるまで、凡そ多岐にわたるけれども、そうした私小説のなかには「母」が登場する場面が多い。

たとえば、直木賞を受賞した代表作の『雁の寺』などは、作家自身が幼い頃寺に奉公に出された経験を主人公の修行僧慈念に重ねた作品で、慈念の十歳のときに別れた母親によせる思慕と愛憎が、まるでわがことのように丹念に書きこまれている。

また、自伝小説『わが六道の闇夜』は、寺での修業時代をへてやがて還俗、戦前戦後の混乱下を地を這うように生きぬいた人格形成の道のりが、赤裸々に告白されている作品だが、そこにもひっきりなしに瞼の母が出てくる。そのほか、「母」「母一夜」「へっこ餅と菩提寺」というような小品もそうで、短篇の名手といわれた水上勉のこれらの作品には、自分が口べらしのために寺へ出されたときに別れた母親のかんの思い出がつぶさに語られているのである。

それに、直接的に自分の母親のことは書いていなくても、映画やテレビや舞台になった『飢餓海峡』にも『越前竹人形』にも『五番町夕霧楼』にも、どこかにかならず登場人物に託した母親の姿がある。どの小説の根もとにも、かならず「母」がいるといっていいかもしれない。代表作の一つである私小説の『冬の光景』だって、せんじつめれば母と子の別れが主題だし、吉川英治文学賞をうけた『北国の女の物語』だって、運命にひきさかれた母子の、糸をひくようなすすり泣きがきこえる小説である。

ために、水上勉の文学は「母恋い」の文学ともよばれているのである。

水上勉は一九一九年三月八日、福井県大飯郡（現・おおい町）岡田部落に生まれている。父覚治、母かんの次男で、兄弟は四男一女、父は宮大工職人だった。

とにかく、家は貧しかった。それも並大抵の貧しさではなかった。

『若狭幻想』を読むと、その頃の水上家の極貧ぶりがよくわかる。

家は三間まぐちに奥行き五間ぐらいあったろうか。土間、板の間のほかに畳のあるのは六畳だけで、あとは物置きのようなもの。板の間の中央に炉が切ってあって、その下段にくど。台所はなく、外の谷川の平べったい自然石の上が母の流しであった。雨がふれば傘をささねばならなかった。井戸はもちろんない。（略）木小舎を改修した家だったから、壁もろくにない。戸障子はあるものの、大工の父がいずれも施主の家からもらってきてはめこんだもので、家にそぐわぬ千鳥格子の腰板のはまった紙障子が外に一枚はまっていたり、破れた襖が大戸がわりにはまったりしていた。たてつけがわるいから、スキマだらけで、夜になると風が入ってくる。

そこには狐もいた。熊もいた。たぬきもいた。いたちもいた。むささびもいた。冬は雪がふかいので、山の実がなくなると、けものたちは村へ降りてきた。とば口のわが家のよこは通り道になった。朝起きると、背戸口の雪に、大きな熊の足跡があった。時には猪も眼の前を通った。

想像するだに、身もこごえるような極貧風景である。

狐、熊、たぬき、時々猪まで出たというのだから、おだやかではない。水上勉が生まれたその地域では、もはや人獣いっしょともいえる暮らしが営まれていたのだろう。その頃はなかった言葉だろうが、限界集落を通りこした苛酷な生活環境である。水上勉はそこから、生家にほど近い本郷尋常小学校野尻文教場に入学し、やがて九歳のときに父親とともに隣接する本郷部落に移住、本郷尋常小学校に転校する。

小学校に入った頃から、勉少年は周りの子どもにくらべて、自分の家が特段に貧しいことにコンプレックスをもつ。幼い自意識が芽ばえはじめた年齢で、三年生になったときには習字の半紙を買ってもらえずベソをかき、また昼食時にはアルミニウムの弁当箱がもってこれず、一人だけ古新聞紙にくるんだにぎり飯を陰にかくれて食べた。着ているものも、つんつるてんの粗末な着物に垢のしみた紐帯一本だった。身なりは母も同じで、他の父兄は着飾ってくる授業参観の日に、母はいま田んぼから上ってきたような泥のついた野良着できていた。勉は恥かしくて、そんな母をふりかえることができず、心のなかでは「もう学校にきてくれるな」と叫びたいくらいだった。なぜ、自分はこんな貧しい家の、こんな両親のもとに生まれたのかと、少年は己が出自をうとむのだ。

父覚治は宮大工職人だったが、たいていは村の外に出て仕事をしていた。いつもイライラしていて、理由もなく子に手を上げることが多かった。勉のほかに兄の守、弟の亨《とおる》、祐《たすく》、妹の志津子がいたが、みんな父をみると身体をちぢこめた。もう一人次男に弘がいたが、弘は生後三ヶ月で他界し、若い頃に小豆のサヤで眼をつっついて失明した祖母のなかも、勉の小さい頃亡くなっていた。とにかく、たぬきや狐といっしょに暮らしているような暗くて寒い家である。子らをつれて本郷に出てきたとき、父覚治は四十歳を出たばかりで、かんはまだ三十歳の若さだったが、覚治が持ち帰る生活費は少なく、二人は年がら年じゅう喧嘩をしていた。

覚治は一ど請負仕事で外へ出ると、何ヶ月も帰ってこないことが多く、勉たち四男一女は母のかん一人の手で育てられたようなものだった。といって、かんは日暮れまで田で働いていたので、子の世話をする時間はかぎられていた。古畳の六畳間は冷えびえとし、電燈もなかったので本も読めず、友達の家にあそびにゆくと、そこで風呂に入らせてもらい、ときどき兄弟そろって夕飯まで食べさせてもらうこともあった。

そんな飢餓の生活、暴力をふるう父親のもとで育った勉が、しだいにうっ屈した性格となり、そういう不幸の元凶である（ように思える）父や母の存在じたいに、嫌悪とも憎悪ともつかぬ感情をつのらせはじめたとしても当然だったろう。

とくに母のかんとすごした幼い頃の思い出は、後年になってからも勉の心に深い悲しみの翳をおとすものになった。

「母」というエッセイに、こんな思い出がつづられている。

私たち五人の兄弟は、一歳か二歳かへだててごろごろと母にいつもつきまとっていた。一人が乳房にしがみつくと、一人は手にぶら下がるといった具合で、母が仲瀬喜左衛門という素封家の田圃仕事に傭われて、いくばくかの日傭賃金をもらうために、朝から晩まで田圃に足をつけているあいだ、私たち子供らは、あぜのところに土下座して、腹をへらして泣いていた。私は九つの冬までしか記憶はない。が、おそらく、母はこのころが一ばん苦しかったのではあるまいか。母のことを思い出すと、いつもうかぶのはこの田圃のあぜの思い出だ。私の下に亨、祐という弟が二人いて、まだ祐の方は乳籠《つご》に入っていた。乳籠というのは、藁であんだ桶みたいなもので、ボロ布がいっぱい入れてあった。赤ん坊は、ボロに包んで、紐でくくられ、その中に閉じこめておくのは、村の貧しい家の習慣である。泣き出すと、わきにいる兄が、乳籠をゆさぶるのである。乳がほしゅうて、弟はよく泣いた。母は日傭い人であるから、主家の人たちがいっぷくする以外は、乳をやりにあぜまでくるわけにゆかない。亨と祐の泣き声をききながら、母は田圃の中から私にわめき散らした。

「はよ、乳籠をゆすぶってやらんか」

私は一日じゅうあぜにいて、乳籠をゆすぶる役目だった。

これだけ読むと、母のかんは父親と同じように、腹をすかして泣く子を怒鳴り散らしてばかりいた女にもみえるが、そうした貧困生活と一体となった母親の姿は、ときとして水上勉にとってかけがえのない母と子の絆を確認させるものになったことも、また事実であった。

「こころ根のふるさと」と題した小文がある。

いまでも、借金取りから山の中にかくれて、母と私らがもった温《ぬく》もりは、体内に残っている。そのときの風みたいなものまで伝わってくる。母は私にそういう感受性すら植えつけたと思う。

借金取りが来て、一家が山にかくれているという恥ずかしさのようなものもないわけではない。

しかし、そういうことがあって、初めて、私らは、母と山へ入れたのである。

母はいつも小作田に出ているのだから、地主の顔をうかがいながらの労働だ。地主の家の人らよりも早く田へ行き、夕方はまたその人らよりおそくまで汁田《しるた》につかっている。だから、子供らはめったに母と遊べない。腹をへらして地主の田へ呼びにゆくようなことをすると、母は叱りつけた。だから、借金取りの来る月末の、晴れた日に、真昼間から、母と山で遊べるなんて、嬉しくてたまらない。

山にはところどころ林のない台地があって陽が当たっている。ぱんぱんにかわいていた。そこに子供らは母を中心に集まって、拾ってきたクリやシイを喰った。母は兄弟順々に喧嘩しないように、収穫物を分けてくれた。

この陽だまりがなつかしいというのである。吹いていた風も、陽の光も、山のカビくさい匂いも。

ここで語られているのは、もちろん借金取りからのがれて母と山の中にひそむ貧しい境遇への悲しみなのだが、それだけではない。勉少年は心のどこかで、貧しさゆえにあたえられたそんな母子の時間を歓迎しているようでもある。家にいても田にいても、怖い顔をして自分たちを叱ってばかりの母親が、借金取りからの逃亡とはいえ、この日ばかりは子どもたちと肩を寄せ合い、収穫したクリやシイを均等に分けてくれるのである。そして、そこには若狭のあたたかい陽の光がそそいでいる。吹いてくる風もやさしい。そんな一日がとてもなつかしく、忘れられないと水上勉は書いているのだ。

水上勉は、貧困がもたらす人間の精神形成への影響、あるいは貧富の差によって生じる他人の幸福への妬《ねた》みや疎《うと》み、自我とエゴイズム、そんな人間感情の哀しみをとことん原稿紙にきざんだ作家だったが、ことによると、この幼い頃田んぼのあぜで乳籠をゆらしながら泣いていた思い出、借金取りからのがれて山中で母とクリ拾いした日の記憶は、その後の水上勉の文学をささえる重要な核になったのではなかろうか。

水上勉が臨済宗相国寺塔頭《たっちゅう》瑞春院の徒弟となるため、生家のある若狭本郷から京都に出てきたのは、一九二九年の夏十歳の時だった。ひと月ほど修行し、いったん定住準備のため本郷にもどり、翌年二月に小さな風呂敷包み一つをしょって上洛した。

どうしてとつぜん、勉は寺の小僧に出されたのか。いうまでもなく、それは一家の経済的困窮からきたことだった。早いはなし、次男を寺に出せば、それだけ家族の生活はラクになる。つまり「口べらし」である。

この間のいきさつについては、水上勉は何十冊もの自著に書いているが、そのなかから二つほどひいてみる。

私は、十歳の時、京都の禅寺相国寺から小僧にくれといわれて、出家することになった。大工の父親が、何かの折に、相国寺へゆき、小僧の口を見つけてきたのであった。母は私を手放すことがつらかったらしいが、生活が苦しかったので、私を京都へ出すことに同意した。

「京へゆくとな、大勢の小僧さんがおって……勉強さえすれば、中学も大学も卒業させてもらえる……一生懸命勉強して、えらい坊さんになってけれ」と母は私にいった。私は、母にそういわれると反対するわけにゆかなかった。「うん」とうなずいて、出家する決心をつけたのであった。

（「わたしの子供の頃」）

衣食住すべてが、部落の他の家と比べて欠乏しており、それが、悉くみじめに思えて、性格もいじけて暗く、こんな部落なら、早く捨てて、どこか外で暮したいという考えが子供心にあった。十歳の出家は私の宗教心からではなく、まったく、貧困上の理由である。親にしてみれば「ロべらし」だったのだろうけれど、子にしてみても貧困からの、「逃亡」だったと思う、

（「貧困について」）

こうして水上勉は、十歳のときに故郷の本郷を出るのだが、このときの母かんとの別れは、そんなに悲劇的なものではなかった。エッセイにある通り、幼い勉にはかんとの別れよりも、今のこの貧乏な家からのがれられるという歓びのほうが大きかったからである。かんと別れる淋しさよりも、寺にゆけば腹いっぱいめしが食べられるという歓びが勝《まさ》っていたのである。そんなふくざつな子供心は、かんとの別れをつづったどの文章にもにじみ出ている。

というか、この母子離別の風景は、水上勉のどの作品で読んでも心にしみわたる。

母は蓑を着ていた。私は菩提寺の和尚にひきたてられるようにして、線路をこえて、汽車にのった。この時、上り列車がまだ構内へ入ってきていなかったので、連結台のところから改札口の方を見すえると、母が、部落からいっしょについてきた犬を足もとにすわらせて、改札の木柵に両手をついて、私の方を見ていた。私が手をふると、母はペコリと一つお辞儀をした。それは、私のうしろに立っていた菩提寺の和尚に向けてさげたものではなくて、私に向かってさげた卑屈なお辞儀のように思えた。私は、母のみすぼらしい蓑を着たすがたにでなく、お辞儀がかなしくなって、泣きたくなるのに耐えた。

（「小浜線若狭本郷駅」）

その列車がうごき出す時、窓から母をさがした。ガラスが雪と車内の温気のためにかすんでみえない。走って連結台にもどって、布製の蛇腹に穴があいているのを見つけると下りの出たあとの駅舎をその穴から見た。蓑を着た母は猪のようにみえた。改札口に手をつかえてペンペンと出てゆく汽車にお辞儀している。やがて、その姿が雪で見えなくなった。あのお辞儀は、ぼくに向かってではなかったろう。ふたりの和尚に、よろしくツトムをおたのみします、と叫んでいたのだろう。とにかく、列車の車輪に向かってお辞儀する母はかなしかった。ぼくはこの母の三十一歳の姿を今日も思いだすことが出来る。

（「私の履歴書」）

ふりしきる雪、改札口の棚に手をついて見送る蓑を着た母、車中の勉にむかってペコリペコリとお辞儀する母かんの貧しい姿は、黒い猪にみえたという。悲しいが美しく、美しくはあるが悲しい風景である。

ともあれ、十歳の水上勉はこうして親元をはなれ、相国寺塔頭瑞春院に貰われてゆくわけだが、何とほんの二、三ヶ月でたちまちホームシックにかかってしまう。まだ小僧になってロクな修行を積まぬうちに、本郷での両親兄弟との暮らしが恋しくて恋しくて仕方なくなるのである。

まず第一に、何より勉を孤独の底に陥らせたのは、瑞春院に着くやいなや、本山の僧侶である山盛松庵師の若奥さんを、しかもその頃臨月に近い大きなお腹をしていた若奥さんを、師から「第二のお母さん」として紹介されたことだった。奥さんは勉の頭を撫でながら、「今日から、あたしがお母さんえ。きばって修行するンえ」という。つい今しがた、実の母親であるかんと涙の別れをしてきた勉にとって、この宣言は残酷だった。そんなにかんたんに母親をかえられるものか。

そのとき勉の心には、幼いながら漠然とした寺に対する不信感が生じた。だいたい、瑞春院にくるまでは、禅寺のお寺の住職は奥さんをもたないときいていたのだ。水上家と瑞春院の間を仲介した菩提寺の西安寺の和尚からも、たしか「瑞春院の和《お》ッ尚《しょ》にだいこくさんはいない」、つまり禅寺の寺である瑞春院には奥さんはいない、と教えられていた。だからそのぶんも勉が一生懸命働かねばならないンえ、といわれてきたのだ。だのに、じっさいに寺にきてみると急に松庵和尚の妻だという化粧の濃い、しかも今にも子どもが産まれそうな大きなお腹をかかえた女があらわれて、その人が「今日からあたしがお母さんえ」というのである。子供心に、何か寺の世界の暗ヤミみたいなものを見た気がした。

勉はそんな遣り場のない気持ちをもちながらも、寺に入ってからは和尚の言いつけを守って忙しく働いた。寺が勉を近くの京都市室町尋常小学校に入れてくれたからである。勉は寺からあたえられた新調のカバンを肩にかけて、相国寺から二つ通り向うの、烏丸通りの北にあった小学校に通いはじめた。朝五時に起床し、寺の境内の掃き掃除、庫裡と本堂の拭き掃除、食事の用意、（赤んぼが生まれてからは）赤んぼのオムツ洗い、かなりハードな日課だったが、それを終えて登校するときは楽しかった。しかし、帰るとすぐに赤ちゃんをおんぶして庭の草取り、御斎《おとき》が終った客殿の片付け、また夕食の用意と、休むまもなく働かなければならない。

そうしているあいだにも寺の在りようや和尚の生活への疑問がふかまってくる。仏さまにつかえ、庶民の信仰心を育てる役割のある尊敬すべき住職が、朝から酒をのみ、ゼイタクな肉を食い、夜遊びから帰ってくると、若奥さんとダブルベッドで高イビキで寝るという暮らしをしている。口では仏だの精進だのといっているけれども、じっさいは金の亡者であり、肉欲の徒であり、快楽主義者であるというのが真実なのだ。こんなことがゆるされるのか。

やがて勉は「大猶集英《たいゆうしゅうえい》」という僧名をあたえられ、正式に相国寺瑞春院塔頭瑞春院沙弥職となり、得度式で頭を剃られた。だが、そうやって本格的に「出家」の道に入れば入るほど、勉はどうしても寺の生活に馴じむことができなかった。日に日に、「故郷恋し」の思いがつよくなってくる。

こうして離れてみると、しみじみ思いおこされるのは、貧しいなかにも父や母のあたたかい庇護のもとにあった本郷部落での暮らしだった。軒《のき》のかしいだ破れ畳の生家では、三どの食事にもコト欠く生活だったが、そこには何ともいえぬ家族のぬくみがあった。瑞春院の食事は、口数の少ない二、三人の修行坊主といっしょに夕膳をかこむのだが、二切れのタクアンと味噌汁、メザシ一匹がならぶさみしい食事だった。それにくらべて和尚夫婦は、昼間から贅沢な肉、魚を食い、夜になればそれに何本も酒の徳利がつく食卓なのだった。そこには歴然とした「差別」があった。今本郷ではそんなことはなく、たとえ小さな魚や豆腐でも親子平等に分けあって食べたものだ。今思うと、いつも仏頂面で怒りっぽかった父覚治の顔までが、子を思う親のホトケ顔にみえてくる。とりわけ小雪の舞う若狭本郷の駅で、走り出す汽車にむかってペコリペコリとお辞儀をしていた母親かんの、蓑をかぶった小さな姿はいっときも瞼から消えたことがなかった。

私は「出家」を後悔していた。つまり、このような寺の生活が待っていようなど、ユメ思わなかったし、といって、それでは寺にどんな期待があったというのか。具体的に何かがあってきたわけでもない。ただ、京へゆけば中学へゆける。それが理由だ。しかし、その中学も六年を出ねばならない。ああ、やっぱり、貧乏でも、若狭の家にいた方がよかった。

（『わが六道の闇夜』）

水上勉がそんな修行生活に耐えながら、何とか小学校の六年を終え、大徳寺のよこにあった禅門立紫野中学校に通いはじめるのは、一九三一年の四月だから、得度してから二ヶ月後のことである。

紫野中学校は、今宮神社の朱い大門をくぐった参道の突きあたりの、裏山のグランドから衣笠山がながめられる高台に、相国寺、東福寺、大徳寺三山が共同して徒弟教育のために建てた学校で、その後勉が転入する市立花園中学も妙心寺一山の経営だったから、まわりはみんな坊さんになる子どもばかりだった。関東一円からきた子が多かったが、鹿児島や奈良や松山からきた小僧もいたし、なかにはびっくりするような名刹、古刹の御曹司もいた。地方からきた子は寄宿舎に入っていたが、勉のような三山出の子は寺から通った。通い組には金閣寺から五人、銀閣寺からも二人きていた。

水上勉はここで他寺の子たちと仲良くなり、いろいろ情報交換しているうちに、自分のいる瑞春院がどれほど苛酷な労働内容であるかを知る。他寺では、小僧に庫裡や本堂の掃除、農作業といった作務は命じても、和尚の私生活の世話までさせる例はめったになく、庭の掃除や手入れも弟子同士の交代制で、よほど大きな御斎や来客でもないかぎり、厨房に入って女中仕事をすることなどないという。要するに瑞春院は異常な徒弟制度であり、自分がこれまで何ひとつ楽しいことのない、地獄のような作務生活を強いられてきたことに、勉少年は初めて気付かされるのである。

水上勉が瑞春院からの脱走を決行するのは、中学の一年になってまもなくのことで、衣と袈裟を新調してもらい本山の懺法式（法華懺会の記念式）に出た翌日、朝早く本堂の勤行がはじまらぬうちに寺をとび出した。

だが、寺を出たもののどこへ行っていいかわからない。

ウロウロあるいているうちに八条坊城の六孫神社に出て、近くで下駄屋をやっていた母の兄の家に転がりこむのだが、翌日市内をフラフラしているところを巡査に咎められ、挙動不審者として中立売署に連行されてしまう。ところが、その頃すでに瑞春院からは警察に家出人届が出ていたらしく、瑞春院とは兄弟寺にあたる同じ相国寺塔頭の玉龍庵が身元引受人になると申し出てきて、その日のうちに玉龍庵の坂根良谷師という七十すぎの老僧のもとに預けられることになった。

何のことはない、自分では練りに練って決行したはずの脱走計画だったのだが、たった三日間外の空気を吸っただけで、勉は寺に連れもどされるのである。

しかし、修行先が瑞春院から玉龍庵にかわっただけでも、勉は内心ホッとする気持ちをもった。生臭かった瑞春院の松庵和尚とちがって、玉龍庵の坂根良谷老僧は高潔にみえやさしかった。「当分うちから学校へゆけ。わしのほうから瑞春には話をつけてあげるから」といって勉のくわい頭を撫で、「せっかく瑞春のとこで得度式まであげて、出家したんやからな、もう一がんばりせなあかん」、と勉を励ました。

その後、水上勉は玉龍庵から衣笠山の南にある等持院に弟子入りすることになり、僧名も「承弁」に変わった。等持院は足利家の菩提寺で、山号を万年山といい、足利尊氏の墓や足利家歴代将軍の木像や、その他由緒ある宝物をたくさんもっている大寺で、瑞春院や玉龍庵よりずっと格上だった。その等持院の和尚二階堂竺源《ちくげん》師の徒弟となって働くことになったのだが、小世帯だった玉龍庵とはちがって、これまで経験したことがなかったような兄弟弟子からのイジメにあう。加えて、七十一歳の竺源師が二十七歳の子連れの若妻と、前妻とのあいだの二人の子と同居しているというふくざつな大家族の姿も、十四歳の勉の眼にはどこか異様なものにうつった。瑞春院といい、等持院といい、寺とはどこもこういうものなのか。

そうした寺への不信感がつよまるにつれ、ふたたび勉の心には、今度こそ寺を脱出したいという思いがつのってゆく。だが、貧しい本郷の家に帰ったら、せっかく入った中学校を辞めねばならなかったから、せめて中学を出るまでは、この矛盾と疑問にみちた寺の苦役をがまんしなければならない。どんなに不満があっても、あと数年は等持院にいて修行をつづけようと勉は打算する。

檀徒や信徒をあざむく僧侶のゼイタクな私生活、酒や女あそびへの耽溺、弟子間で常態化している新入りの弟子に対する嫌がらせやイジメ……。

今思えば、作家水上勉は十四歳にして、のちの『雁の寺』や『金閣炎上』に代表される水上文学の核をなすテーマを得たともいえるだろう。また、弟子同士のあいだで毎夜くりひろげられる男同士の痴戯は、秀作『男色』や『好色』のモチーフともなる。「仏教とは何か」「寺とは何か」「そして人間とは」という、いってみれば「物を書く」根幹にわたる普遍的な命題を寺での修行時代に得たのである。

そして、ついに一九三六年三月、花園中学校を卒業すると同時に、水上勉は二どめの脱走を決行する。今度はうまくいった。前のときにも転がりこんだ下京区八条坊城で下駄屋をやっていた伯父宅へゆき、何日かして、二軒隣のむぎわら膏薬の西村才天堂の行商仕事につく。「働きながら立命館大学に通わせてほしい」という条件だった。その希《のぞ》み通り、膏薬の行商をしながら立命館大文科の夜学に通いはじめるのだが、半年もしないうちに意欲をうしない、一九三七年十二月に退学、西村才天堂もやめて堀川上長者町の染物屋に転居、京都小型自動車組合の集金人となる。その後京都府満州開拓青少年義勇軍応募係になるのだが、その頃から勉は悪友にさそわれて五番町の遊廓通いをするようになる。当時府庁から貰っていた給料は二十円くらいだったから、下宿代に七、八円を払った残りは、みな遊廓代と酒代に消えてしまうという荒廃した生活に入ったのである。

そんなどうしようもない生活から脱却すべく、勉が満州（中国東北部）にゆくことを決意するのは一九三八年十九歳の九月で、神戸から出ていた「はるぴん丸」にのって満州にわたり、奉天（現・瀋陽）の国際運輸会社で苦力《クーリー》監督見習いとして働きはじめた。

『わが六道の闇夜』から。

満州（現東北）へゆきたくなったのも、じつはこの当時、大陸移住が政府の鳴り物入りの宣伝で勧誘されていて、だれいうとなく内地にいるものは、徴兵もきびしくなくてすむ、という噂があったからで、私は、せまい京都での貧乏生活に捲《ママ》きかけているうえに、そこらじゅうに出来た借金の整理のためにも、どこかへ逃げる必要があった。もう、そのころは、学費もつづかなくなって、休学していた。

そうやって水上勉は、約六年にわたる仏門生活にピリオドをうち、いわば現実逃避といった感じで満州ゆきの船にのるわけだが、この一念発起した満州での苦力生活でも、将来の文学の肥やしとなる数々の経験をする。

満州内の輸送網に挺身しているというときこえがよかったが、じつは、下積みの仕事はみな苦力に押しつけ、自分らは、内地では逆立ちしても得られなかった特権をもてた喜びにひたっていたのである。私もふくめて、中学卒ぐらいの社員が大半であってみれば、府庁の雇か、道ガスの集金人が終生の職場だったはずの男が、竹刀一本あたえられただけで、苦力の上に君臨できた。これは小学卒の古兵が、大学出の新兵を撲りつけた気持ちに似ている。

毎日、竹刀をもたされているうちに、そのような仕事が板について、筋金入りの現場監督に染めあげられてゆく。集団の力というものであった。集団——軍隊をもふくめて、この当時、満州にいた人びとで会社、寮その他の組織にいた人は、さびしい肩を張って歩いていた。私もその中の一人、人のことをいえたものではない。

水上勉はここでも、集団や組織における権力者の横暴をまのあたりにするのである。人間はいったん権力の味を覚えると、どんなに非人間的で差別的な行いをするようになるかという現実を知る。口では「五族協和」などといいながら、日本人はなぜこうまで中国人を差別するのか。修行時代に見聞した寺の裏おもてともどこか似ている。

幸いというか、勉はそこで働きはじめてまもなく喀血、奉天の石川病院に入院し、国際運輸の厚生課から帰国命令をうける。奉天駅から「はと」という汽車にのって、生まれ故郷の若狭本郷に帰るのは、一九三八年秋末のことである。

げんみつにいうと、勉は玉龍庵に入ったとき、一どだけ良谷師につれられて瑞春院にあいさつにゆき、そのとき岡田部落に一日だけ帰っていた。最初に瑞春院を紹介してくれた菩提寺の西安寺の和尚にも、一応顔を出しておいたほうがいいという良谷師からの進言があったからだった。

久しぶりに会う父母は少し小さくなったようにみえた。父は相変らず仏頂面だったが、母は勉の成長を喜んでニコニコしていた。弟はまだ小学校、兄は小浜中学に入っていて、志津子という末妹が生まれていたが、軒がかたむき壁が落ち、ペンペン草のはえた屋根のボロ家は昔のままだった。

満州で喀血し、入院加療が必要となった勉がつぎに若狭本郷に帰ったのは、さらにそれから二年ほどが経ったその年の十一月末。

「おえん」という短篇に出てくる、その日駅までリヤカーで迎えにきてくれた母かんの姿が胸にせまる。

若狭はすでに寒くて、村の駅に降りると、人びとはマントを着ていた。駅前に一台のリヤカーがとまっていた。その上に筵《むしろ》が敷いてあって、汚れた手拭で頬かむりした年老いた母親がしょんぼりと広場に待っていてくれた。

私は京都から電報を打っておいたのだった。母は、私が大病人で帰ってくると思ったのだろう。（略）私は母のすすめるままにそのリヤカーにのった。母は筵の上に綿のはみ出たふとんを敷き、私をその上に寝かせた。そうして私の上に筵をかぶせて、リヤカーをひいて歩き出した。

九年前に、私はこの駅から禅坊主になる覚悟で出ていったのだが、寺をとび出た私は、一介の放浪者としていまはじめて生家へ帰るのであった。

十歳の頃に一ど捨てた故郷は、私には茨《いばら》のようにつらかった。

父の反対を押し切って禅寺を飛び出し、無断で満州へ渡ったことが原因していたのだが、頑固者の父は、私が病人となって、母親のリヤカーにのせられて帰ってきたのをみても、病状さえたずねてくれなかったのである。

……私には父へのなつかしさなどはなかった。あったものといえば、憎しみ以外にはなかったのである。父は、生涯、母を苦しめた人、子供を五人もうませて慈育を怠った人物として、私の脳裡からはなれていなかった。だから、私は満州から内地へ帰った時も、若狭の父に顔をあわせるのがイヤだった。頭を下げて帰るのがたまらなかった。けれども、病気だから、如何《いかん》ともしがたい。ひそかに、母だけに報《し》らせて、ひっそりと若狭の村へもどったのだが、父への憎悪は忘れていなかった。

ここで吐露されているのは、勉の母かんに対するのとはちがった父覚治への屈折した思いである。幼い頃何かというと子に手をあげ、一ど家をあけると一ヶ月も二ヶ月も帰ってこず、五人の子（そのうち長男弘は夭逝していたが）の世話をすべてかんに押しつけ、ろくに生活費も家に入れなかった父親を、勉は十九歳になった今も許すことができない。本郷の家に帰っても、母のかんとは会いたかったが、父覚治の顔などみたくないというのが本当の気持ちだった。

つまり、勉は父にはどうしても馴じめず、そのかわり母のかんには、一種の憐みにも似た愛情を抱きながら育った子だったのである。

ふりかえると、勉は瑞春院でも玉龍庵でも等持院でも、一刻として母親のかんを忘れたことはなかった。どんなに和尚に叱られても、先輩の弟子たちにイジメられても、朝早い冷たい井戸水のオムツ洗いがつらくても、いつも瞼に思いうかべるのはかんの丸い笑顔だった。くじけそうになるたびに、かんを思い出してのりこえた。

ちょっと前の文章だが、ある女性誌にのせた「年下の男性にひかれた場合」というエッセイでこんな告白をしている。

修行生活の裏側は、母恋い、女恋いの日夜であったことも今にして思い知らされる。すなわち、寺に出入りする女性に、媚《こ》びを売り、その女性から、少しでも親切にして貰うと、どんなに嬉しかったことか。檀家の奥様や、お嬢さまは勿論だが、門前のタバコ屋の若奥様や娘さんにまで、憧れを抱いて暮した記憶は今日でも鮮明である。

私は、私に親切に声かけてくれるどのような女性にも、母の像を見出した。だから、その女性がどんなに客観的にみて、鼻もちならない女であっても、醜女《しこめ》であっても、女性であるというだけで、心が安まり、憧れるところがあった。一切の女性が、みな弥勒《みろく》菩薩《ぼさつ》に見えたのである。

冒頭で水上勉の文業を「母恋いの文学」といったが、この告白を読むと、水上勉は母への思慕を自らの人生のみならず、あらゆる女性の姿や人生に重ね合わせ、いくつもの作品に昇華させていたことがわかる。弥勒菩薩に魅入られたゆえに、愛別離苦の苦悩を味わわねばならなくなった男女の葛藤劇とでもいったらいいだろうか。いわれてみれば、水上勉の代表作である『越前竹人形』も『はなれ瞽女おりん』も『越後つついし親不知』も『五番町夕霧楼』も、すべて作家自身の心に幼い頃からあった母への憧れ、母性への飢えなしには創出されなかった文学であることに、読者は気づかされるのである。

水上勉は故郷若狭で約一年半療養するうち、すっかり元気になる。満州から月々送られてくる七十円の治療費は、貧しい本郷の家では大金だったから、半分は医者代と食費に使い、半分は書物代に使った。結核のおかげで延期していた徴兵検査は、丙種合格となり、非常時だというのに家でブラブラしている非国民暮らしだった。日がな小浜の古書店に出かけ、『レ・ミゼラブル』『モンテ・クリスト伯』『谷崎潤一郎集』『志賀直哉集』『広津和郎・宇野浩二・葛西善蔵集』などを買いこんできて読みふけった。文学であれば、国の内外を問わず、手あたりしだいに読みあさったのである。

病が癒えた勉は、一九四〇年春に上京、農民文学者丸山義二のツテで日本農林新聞社につとめる。早稲田大学の学生が出していた同人誌『東洋物語』に加わり、処女作「山雀の話」を書いたのはこの頃で、翌年報知新聞社校正部に入った。その後学芸社に転じ、つぎに三笠書房に入る。

東中野のアパートで知り合った加瀬益子と同棲し、長男をもうけるのだが、まもなく生活苦から他家に手放す。一九四二年になると映画配給会社に転職し、そこに出入りしていた松守敏子と結婚、日本電気新聞社に移った。

しかし、翌年春頃から戦争が激しくなってきて、敏子をつれて郷里の若狭に疎開、福井県大飯郡青郷国民学校高野分校に助教として赴任する。五月に召集をうけ、中部第四十三部隊輜重輓馬隊に入隊するのだが、七月に除隊となってふたたび高野分校で教鞭をとることになった。冬、女児が生まれたが、まもなく死亡。戦争が終った翌月の九月に助教をやめて上京し、それから約一年、神田鍛冶町の妻の叔父が経営する封筒工場「一厘社」の二階に住む。そして、長女蕗子が誕生した一九四六年に、紅書房をおこして『新文芸』を発刊、創刊号に水上若狭男の名で「もぐら」を発表するのである。

数多い作家のなかでも、水上勉の放浪人生、職業転々、女性遍歴はつとに有名だが、ともかくこんなふうに、文学への夢と貧困との闘いにまみれた水上勉の「戦後」がはじまるのである。

運がむきはじめたのは一九五九年四十歳になった頃からで、八月に日共トラック部隊事件を素材に書き下ろした『霧と影』を河出書房新社から刊行、新しい社会派推理小説として脚光をあび、同作は直木賞候補となった。折しも松本清張らの登場によって、文学界はあげて社会派推理小説時代に突入していた。その後、同じ推理小説路線で『海の牙』や『耳』を発表、この二作によってふたたび直木賞候補となる。また、熊本県下で起きた水俣病をテーマにした『海の牙』は、第十四回探偵作家クラブ賞を受賞。そして、瑞春院や等持院での小僧生活の経験をモトにして書いた『雁の寺』で、ついに念願だった第四十五回直木賞を受賞するのは、一九六一年四十二歳のときである。

エッセイ「冬日の道」で、水上勉はこう書く。

陽かげを歩いてきて、はじめて、陽をうけたのが『雁の寺』での直木賞受賞である。私はあこがれの文壇に出たのだ。授賞式の際、小僧時代の師関牧翁老師の顔のまじる会場のすみで、ぽつんとすわったまま、うごかないでいる父をみた。私を十歳で寺へ小僧に出した父であった。おそらく、父は、私が小説家になったなど信じがたかっただろう。若狭からかけつけてはきたものの、会場の雰囲気のはなやかさにきょとんとして、みすぼらしく私をみつめていた。

じっさい、私も、夢みたいだった。

直木賞受賞のあと、水上勉は同じような感想をいくつもの文芸誌や雑誌に書いているが、とりわけ印象にのこるのは、一九六二年一月に書かれた「母」というエッセイである。

某週刊誌のグラビア担当者が、私の発表した『雁の寺』という作品の背景を写真にするために、私をつれて若狭の村へゆき、母親と対面させた企画にのったことがある。

……眼の前にいる母の枯木のようにやせた姿は、私には、もう、ぬけガラのように思えた。私の脳裡には、若くて、労働にはげんだ、乳くさい、はりきった母の面影が、まだ生きていたからである。私から、母をうばったものの所在を私はたしかめたい。私は年老いた母を見ながら心の中で、そうつぶやいていた。

一時間ほど、私は村の家にいて、車にのって京都に帰っていった。母は私を村下まで送ってきた。私の弟の亨が、現在の家をもっている。母はその亨の労働の上に、今はどっかとあぐらをかいているのだった。女のつとめを果した一人のありふれた老女として、にっこり微笑して私を見送ってくれているのだった。私はその母の顔が、三十何年前の雪の日とかさなって仕方がなかった。母はまたペコリと頭を下げた。そんな母を見るたびに、私は私から母をうばった運命を掘り起してみたい決心にかりたてられるのだった。

今気づくのだが、水上勉にとっての母親かんの記憶は、なぜか「駅で自分を見送る姿」「駅で出迎える姿」ばかりである。大雪の日に、寺に奉公に出る十歳の勉を見送ってくれた母、満州から病を得て帰郷した日にリヤカーで迎えにきてくれた母、それは文字通り、子を育てることに一心不乱に尽してきた一人の女の姿であり、子の成長を心から喜びつつ老いてゆく母の姿でもあった。

水上勉は文中で、しきりと「自分から母をうばったものの所在をつきとめたい」「その宿命を掘り起したい」という願いをうったえているが、それはまさしく、幼い頃から水上勉を支配してきた「貧困」に対する憎しみであり哀しみであったといえるだろう。貧しさゆえに深まる母への思慕、母への思慕が深まれば深まるほどつのる「貧困」への憎悪、水上勉の「母恋い」は、自らにあたえられた「貧困」という宿命の象徴でもあった。

そしてそれは、つねに貧しかった故郷若狭の風土、ひなびた若狭本郷駅の雪げしきとともにあったのである。

直木賞作家となってからの水上勉は、文字通り「人気作家」「ベストセラー作家」への階段を一気に駈けのぼる。代表作となった『飢餓海峡』をはじめ、『五番町夕霧楼』や『越前竹人形』や『越後つついし親不知』や『はなれ瞽女おりん』は、次々に映画化、舞台化され、当然経済的にも恵まれるようになった。一九六三年四十四歳のときに東京世田谷成城町の一等地に、八百坪もの敷地をもつ邸宅を建て、その後軽井沢、京都百万遍にも仕事場をもった。まさに飛ぶ鳥を落とす勢い、とはこのことだったろう。何人もの女優と浮き名を流し、文壇でもっとも艶聞ゆたかな美男作家として週刊誌のゴシップ欄をにぎわす。一九八六年には福井県おおい町岡田の生家近くに、竹人形劇場、図書館、文学館を併設する複合文化施設「若州一滴文庫」を創設し、趣味だった竹人形芝居や竹紙（竹の皮を煮つめて漉いた和紙）づくり、骨壺の製作でもマスコミで取り上げられるようになった。

だが、そんな文壇の寵児となった水上勉の成城の留守宅には、妻叡子、叡子の姉容子（容子が妹の叡子を紹介してくれた）、長女蕗子とともに、直木賞受賞の年に生まれた肢体不自由児の直子がいた。直子は一人では歩行も困難な子だった。その直子の治療養育費のためにも、もっともっと書かねばならない。水上勉はますます成城の家に帰らなくなり、京都のマンションやホテルにこもって原稿書きに励む。自らの苦節時代をつづった『凍てる庭』は高い評価をうけ、直子の生いたちをつづった『くるま椅子の歌』では、第四回婦人公論読者賞を受賞。モデルとなった直子や、留守を預かる妻たち家族は、そうした「私小説」で生活費を稼ぐ父（夫）に対してふくざつな思いを抱いていたろうが。

これも冒頭にのべたが、水上勉は虚と実をないまぜにしたような半フィクション小説といってもいい作品を多くのこしたが、なかでも小説家志望だった極貧時代の思い出を書いた事実上のデビュー作『フライパンの歌』、東中野で最初に同棲した加瀬益子との関係を書いた『冬の光景』、ムーランルージュで踊り子をしていた松守敏子との出会いと結婚、離婚をつづった『わが風車』等々は、いってみれば自らの来し方をさらした水上文学のもう一つの頂点であった。当然のことながら、こうした作品のウラには、たくさんの罪なきモデルが存在していたわけで、その犠牲となったのは当人の妻子家族だけではなかったはずである。

昭和の「私小説」作家群の一翼を担った水上勉の文学は、いっぽうでそんな物言わぬ市井人によってささえられていた文学だったといっていいのかもしれない。

では、父や母をテーマにした作品はどれくらいあったのか。

これもまた前述したように、代表作である『雁の寺』や『越前竹人形』や『五番町夕霧楼』や『越後つついし親不知』などには、幼少期にみていた宮大工職人(棺桶や竹細工なども作っていた)の父覚治の材料をあやつる手や眼の動き、カンナ屑の匂いが随所にまぶしこまれ(『越後つついし親不知』の結末部分に出てくる「棺内分娩」などは棺桶づくりの子でなければ思いうかばなかったアイディアだろう)、そういう意味でそれらは、水上勉の「父恋い」をあらわした作品であるともいえるのだが、正面から父覚治をモデルにしたという作品は少ない。自らの放浪時代を語るときに、しばしば覚治の名は登場するけれども、それはあくまでも点景人物の一人としてえがかれているだけである。さっき直木賞授賞式に出席し、「みすぼらしく私をみつめる」覚治の姿をとらえたエッセイを紹介したが、せいぜい覚治はそんな短い文章に登場するくらいなのである。

父覚治が八十四歳で死んだのは、一九七〇年水上勉が五十一歳になった年の九月だった。心にのこるのは、覚治が死んでから一年ほどして書いた「人生の師」という文章だ。

父と離れて暮らしていたにもかかわらず、ずいぶん影響をうけている自分がわかる。血だといってしまえばすむはなしだが、五十をすぎて、父に似てきたところが、いま、はっきりわかるのである。

……「大工は山に生えとる木をみた時に、もうその木が完成した建物のどの部分に役立っているかの見当がつかねば一人前とはいい難い。木は生きものやから、それぞれのくせをもって生きておる。これを調法につかうと、建物は長もちする」

「材料をけずったり、穴をあけたりする時、その材料が建つべき家でどんな顔をするか、すがたを想像せずには、ノミもカンナもかけてはならぬ」

……いま何げなく、カンナ屑の中で、父がそのようなことをいった言葉をありがたいと思う。小説をつくる仕事と何ほどもかわらぬ。建築の材料は、小説では「言葉」であろう。印刷された木目の板は、「偽の言葉」であり、自分の言葉で、自分の建物を建ててみよ、と父は私にささやきかける。

昔から「墓石に布団はかけられぬ」とか、「親孝行したいときには親はなし」とかいわれるけれども、おそらく作家水上勉も、父親の覚治が死んでようやくその人の存在を直視したというべきなのだろう。母をイジメ、子に暴力をふるい、大工のくせして家族の住む家の破れ戸は修繕しようともしなかった軽蔑すべき父、生きているうちは憎みに憎み、恨みに恨んだ父親だったが、その覚治が雲上に消えてしまうと、その存在のすべてがかけがえのないものとして思い出され、あらためて子どもである自身に宿っている「父の血」を意識するのである。

じっさい、覚治が死んでから、水上勉は講演や取材のついでに以前より若狭の生家に帰ることが多くなった。多くなったといっても、一年のうち一、二どだったが、忙しい執筆生活のあいだをぬってかんの顔をみに帰った。ボロ家だった生家は、勉の送金によって新しく建てかえられ、他所並みの屋根瓦と化粧タイルが貼られた家は、兄の守夫婦の手で守られていた。

そして、五十代半ば頃から、水上勉は原稿紙の上に母の名を登場させることが多くなる。父を失なってから、その傾向がつよくなる。

このごろ、わたしは、しきりと母のことを思う日が多くなった。私を産んだ母なるものが、いろいろと考え直されてきているようでもある。（略）諸国を転々流流《ママ》した私にも、またいで三尺ととべない人生を生きてきたにすぎぬ。私を産んだ母の子として、生きたいという実感が深い。

（「一日成さざれば一日食えず」）

母は私を尊敬している。

……私が書いたものなど読んだこともなく、また今後も読むことはあるまい。母は忙しい。その証拠に、いくら私が新幹線のグリーン券を買って東京へこないか、といってやっても、「東京はいきどおしいから、ゆく気はせん」とめったに拙宅へきてくれたことがない。そのかわり、栗とオタマメだけ送ってくれる。谷田圃の畦《あぜ》でとれる豆と、山から落ちてくる栗を拾ったのを、むして干し、それを数珠《じゅず》にして送ってくれるのである。

干し栗の数珠をながめていると、生々輪廻の人生を深く考えてやまぬ母の無言のことばを、私は聞くことができる。あんまり背のびをして、忙しい目におうて軀をこわすな。今日という日はもう二度とめぐってこぬ。人間いくら長く生きても三万六千日だ。もうお前もあと一万日も生きられまい。生きてきたあかしに、何かをしとげて死のうと思うのなら、よく自分の足もとをみて、分相応のことをたくらむがよい。（略）日々平常心に「知足」の心をひそめて、しずかに生きなさい、と母は言っている。

（「ほんとうの教育者は」）

だが、人間には寿命がある。その母かんとも別れねばならない日がやってくる。

かんがほとんど老衰といってもいい約二年の病臥生活のすえ、八十六歳で他界したのは、一九八〇年二月十五日のことだった。水上勉六十一歳のときである。

勉はかんの死に目に会えなかった。信州の仕事場で原稿に追われていたからで、訃報をうけた翌々日、雪の北陸路を特急白山にのって若狭にむかう。

以下は、かんが亡くなった年に出たエッセイ集『骨肉の絆』のあとがきから。

去年の十一月は母はまだ元気で、私も芝居で若狭を訪れたので見舞っている。秋晴れの日で、母はにこにこしていた。それから急にわるくなった。十二月に一ど弟から電話で、正月を越せるかどうか、といってきたので私は、十二月三十日に帰郷して、母の寝所の近くで越年した。母は寝たままだったが、私を眼でとらえてよろこび、元気はないものの、ゆっくり話した。父のこと、祖母のこと、それから、私たちを産む前に、父のところにきていろいろ苦労した日々のことなども、ぽつりぽつり断続的にはなす母の眼底に、滴がたまった。私は何どもタオルで拭いた。

正月七日まで私はいて、東京に用があって帰った。代りに妻や娘を若狭へおくり、看護を手つだわせた。(略)こういう行為も私自身がゆかずに、代行させているうしろめたさがあって、私は、正月から、朝日新聞に「父と子」の連載をはじめたので、舞台になる東北地方へ取材にゆかねばならず、何やかや忙しいのだった。汽車にのっていても、ホテルにいても、母の寝顔を想いうかべてばかりいた。臨終の日も、きっとどこか旅の途上にあるのではないか、そんな思いはあったのだ。やっぱり、その日がきたのだ。

仕事に追われる人気作家の宿命とはいえ、母の臨終に立ち合えなかった忸怩たる思いが伝わってくる。

水上勉にとって、父親の覚治の死以上に、母かんの死には大きな喪失感があったことだろう。幼い頃借金取りからのがれた山の中で、いっしょにクリ拾いしてくれたかん、十歳で瑞春院に貰われてゆくとき、雪の若狭本郷駅の改札口でペコリペコリと頭を下げていたかん、満州から病を得て復員してきた勉を、リヤカーを曳いて迎えにきてくれたかん、故郷に錦をかざった勉の出世をだれよりも喜び、丸い顔でにこにこ笑っていたかん、どのかんの姿も、水上勉には心の支えであり、「文学の支え」でもあったのである。

そして、何よりかんの笑顔は、あの極貧の底にあった勉の幼少時代を照らす一すじの光でもあったのだ。

母かんの遺骸を、生家近くにあるさんまい谷とよばれる山あいに埋葬する場面が、「雪三景」

という短篇に出てくる。

谷は、一メートル以上もつもった雪にうもれ、手前にある六体地蔵の屋根が、辛うじて頭をのぞかせていた。道も山も区別がつかなかった。棺は四人の担ぎ人が、入れかわっていた。足もとがよくすべった。ようやく丘の上に着いて、棺をおろし、先に来て穴を掘ってくれていた部落の当番の人の指示で、それぞれスコップをもたされ、私たちは道をかためてから、穴のそばへ棺をよせた。

棺に縄をさしわたし、四方から縄をひっぱりながら、ゆっくり母を地下へおろした。土は二メートル以上も掘られていたので、わきに赤土が盛りあがっていた。その新たな土にもドカ雪が振りかかった。足もとはつるつるすべった。私たちは手に手にスコップをもって、まわりの赤土を母の棺の上にかけていった。雪のまじった土はぬるぬるした。母の棺は四分板のフタの上へ廻りの人々が投げた花といっしょに、すぐ土にかくれた。

かんが亡くなった昭和五十年代半ば、若狭地方ではまだ「土葬」という葬式法が公認されていた。

水上かんの葬儀には、水上勉の名声をあらわすように、有名出版社や有名文化人、俳優や女優からの葬花がズラリとならび、勉の兄弟と末妹の志津子たち家族、それに勉の妻叡子、母親ちがいの娘蕗子、それにかんが亡くなる前々年、突然名のり出てきてマスコミの話題をさらった、戦時中に行方不明になっていた長男誠一郎三十六歳も参列した。さんまい谷までかんの棺を運び、埋葬を手伝ったのは、誠一郎と兄守の子、亨の子、祐の子、すなわちかんにとっては孫にあたる四人の子どもたちである。

作家水上勉がそんな、人一倍ふくざつだったといえぬこともない何人かの血縁者、血の繋がりのない何人かの子たちをのこして、八十五歳の波瀾万丈の人生を終えたのは、かんを見送って二十四年が経った二〇〇四年九月八日だった。

宇野千代と夫北原武夫

一九九六年に九十八歳で亡くなった宇野千代は、「男性遍歴」の作家とよばれている。

当然ながら、千代自身はこの呼称をあまり気に入っていなかったようで、いくつかのエッセイで、「私は男性遍歴してきたわけではない。私は男と男の間を遍歴してきたどころか、男に捨てられて捨てられて、失恋し通しで生きてきたのである」と語り、また、「ひょっとしたら私は、男の人を扱うのを間違えていたのかもしれない。（略）何事もほどほどにすることである。男の機嫌をとり過ぎて、男の気持ちをとり逃がすとは、愚の骨頂ではないだろうか」などと語っている。

じっさい、千代は一世紀近く生きた生涯のうちに、藤村忠、尾崎士郎、東郷青児、北原武夫といった名だたる男たちと結婚している。このなかで画家の東郷青児とだけは入籍していないけれども、三十三歳から三十七歳までの四年間生活を共にした。帝大出の銀行員だった藤村忠とは、同棲生活をふくめると十九歳から二十五歳までの六年間、新進作家だった尾崎士郎とは二十五歳から三十三歳までの八年間、作家であり出版社経営のパートナーともなった北原武夫とは、四十二歳から六十七歳になるまでの二十五年間結婚生活をおくっている。

その他に、女学生のときに父親の指示で（これもふしぎな話だが）従兄弟のところに十日間ほど「嫁入り」させられたり、代用教員時代に同僚の教員と熱烈な恋におちたり、伊豆湯ヶ島で出会った作家の梶井基次郎とぞっこんの仲になったり、夫東郷青児の絵の買い手である実業家と一夜をすごしたりと、とにかく青春期から中年期にいたるまで、宇野千代の周りにはつねに好きな男がいたのである。

千代は典型的な男につくすタイプの女だったようだ。小説やエッセイを読むと、千代がどれほど男たちに献身的につくし、真心をこめて世話をしていたかがわかる。銀行員藤村忠との生活では、雑誌社の帳面づけや裁縫内職をして家計を助け、東郷青児と暮らしていた頃は、東郷の絵を風呂敷に包んで全国各地を売りあるいた。惚れた男にはとことんつくしたのである。しかし、なぜか千代は出会いの数だけ、好きになった男との別れを重ねるのだ。

八十一歳のとき、千代はそんな自らの男運に対して、「間違いの原因は、どこにあったのだろうか。私は一人の男を好きになると、朝から晩までその男のことばかり考えて、（略）何から何まで世話をやかずにはいられないのであった」と書いているが、千代のこの宿痾ともいえる恋愛病（？）については、三十一歳のときに『婦人公論』に書いた「ただのおくさん」というエッセイの文章のほうが、何倍も示唆に富む。

私はどこまでも男のつくった「女」の世界に残っている。ときどき、人を欺き、嫉妬し、盗み、陥れる。しかし私の悪徳は、どこまでも子供らしく女らしいものに過ぎない。またときどき、人を愛し、授け、喜ばせる。しかし、私の善行はどこまでも子供らしく、女らしいものにしか過ぎない。私はただの可愛らしい「おくさん」なのだ。

自分は男のつくった「女」の世界から一歩も出ることはできない。悪徳も善行も、男を楽しませ喜ばせる「子供らしく女らしいもの」にしか過ぎず、けっしてそこから脱出することはできない。自分は一人の「女」としてここにいるのではなく、あくまでも、可愛らしい「ただのおくさん」としてここにいるのだという感覚。それは、恋する男の前では女は永遠に自立し得ないのだという、のちに宇野千代がいくつもの小説に昇華させる文学上のテーマともなるのである。

宇野千代は、一八九七年十一月二十八日、山口県玖珂郡横山町（今の岩国市河西町）に生まれた。

父宇野俊次、母トモの長女だった。宇野家は代々酒造を業とした旧家だったが、俊次は分家の養子となり、生涯生業につかず、本家からの仕送りによって放蕩無頼というか、勝手気ままに生きた男だった。河西の隣の高森町では知らぬ者のいない素封家だった本家から財産分与された金を、片っぱしから馬の飼育や、珍種の小鳥や金魚、柑橘類の植物などを育てる道楽に使ってしまう。いつも大きな古時計の掛かった奥座敷（家では時計の間とよばれていた）にどっかりすわって、昼間は庭に出てカナリヤと金魚に餌をやる以外はめったに外に出ず、夜になるといそいそと近所の色町へ出かけてゆくのだ。後年千代はこの父について、「バルザックかドストエフスキーの小説にしか出てこないような一種の畸人乃至《ないし》狂人だった」と書いている。千代の奔放で常識にとらわれない性格は、明らかにこの父俊次の血をうけついだものと解釈するのがしぜんだろう。

千代が生まれた翌年、母のトモが結核で死んだ。一年後、四十代半ばの俊次とは親子ほどもちがう十七歳のリュウが継母として迎えられ、千代の下に薫、鴻《ひろし》、勝子、光雄、文雄の四男一女が次々と生まれる。千代には生後一年半で死んだトモの記憶はなかったから、若くてきれいだったリュウにはすぐに懐《な》ついた。千代はそんな少し変テコな家庭環境のなかで育ち、岩国尋常小学校から岩国高女へと進学する。

道楽がすぎて、ふだんから病気がちだった俊次が亡くなったのは、一九一三年二月、千代が十六歳になったときだったが、それより三年ほど前、千代は俊次から奇妙なことを命じられた。亡くなった生母トモの姉と名のる女の家（生家とは目と鼻の先の鉄砲小路というところにあった）に遊びにゆけというのである。千代は素直に「はい」といって、鉄砲小路でいが餅屋をやっていた伯母の家を訪ね、そこで千代にとっては四歳上の従兄にあたる総領息子の亮一と引き合わされる。その日は、亮一から桃色のリボンを髪につけてもらったり、店で売っているいが餅を食べたりして遊び、夜になって亮一に送られて家まで帰ってくるのだが、何と父の俊次から、「おどれ、こんとに暗うなるまで、よう男と歩いとったな」と叱りとばされ、顔をはげしくぶたれるのである。まだ十三歳だった千代は、俊次のその不条理な行動が理解できずに、ただ立ちすくむばかりだった。そして、それから半月ほど経ったある日、俊次から「おどれを亮一の嫁に貰いたいと伯母がいうとるんや」とつげられるのである。千代は何が何やらわからぬまま、ふたたび「はい」とうなずくのだ。

　あとでわかったことだが、これは俊次と伯母がひそかに仕組んだ筋書きで、じつは俊次はその頃からかなり持病が進行していて、せめて生きているうちに千代の花嫁姿を見たいという親心から考えついたことだったのだという。

　このあたりのふしぎな経緯については、千代が一九八四年八十八歳のときに発表した代表的自伝『生きて行く私』のなかにくわしい。ここでは、亮一は雄一になっている。

あるとき、鉄砲小路の家から人が来て、私を雄一の嫁に貰いたいと言って来たと言う。思いもかけぬことであるが父は、一も二もなくこの申し出を承諾したと言う。そして私を呼んで、「われあ、早やじきに、鉄砲小路の家に嫁入りするのじゃぞ。ええか、われあ、あんとき、あんと暗うなってから雄一と一緒に歩いて来たのじゃけにな。よもや忘れてはおらるまいがの」と私の顔を真っ直ぐに睨みつけて言ったとき、私は何の抵抗もなく、ただ「はい」と答えただけであった。

このことはのちになって、私たちの間で話し合わされたことであるが、父は自分の余命幾何《いくばく》もないことを悟って、自分の生きている間に、私の嫁入りさきをきめておきたかったのではないか、と言うことであった。それにしても、暗い道を雄一と一緒に帰って来たことの刑罰として、嫁入りさせるのだという架空の設定は、どこから出たものであろう。（略）仲人と言うのは、同じ鉄砲小路の士族の家の人であった。明るい、昼のように明るい月夜であったのに、仲人の夫婦は手に提灯をともしたのを提げていた。私と仲人の夫婦との三人の影がながく路上に落ちているのを見ても、私はいま、自分が嫁入りしているところなどとは信じられないのであった。私は手にほんの小さな荷物を持っていたが、その中には、着替えの着物と学校道具が入っていただけであった。

伯母はしんから嬉しそうにして、「ここは雄一の寝とる部屋じゃが、今夜からお前は、この部屋で雄一と一緒にお寝るんでよ」と言って、二つ列《なら》べて敷いてある寝床を指さしたが、私にはそれが、雄一の妻になったことだとは思えないのであった。その夜、二人は二つの寝床に列んで寝たのであったが、あのいつかの夕方、二人一緒に家までの道を歩いて来たときと同じように、一言の話もしないで眠ったのであった。まだ十三歳の花嫁であった私は、それでも自分のおかれた場所がおかしいのだとは思わないのであった。

雄一は翌日の晩もその翌日の晩も、着物を着替えて、毎晩のようにどこかへ出掛けて行き、なかなか帰っては来なかった。

ナゾというしかない、不可解というしかない千代の「嫁入り」だったけれども、けっきょく千代は、その伯母の家にはほんの十日ほどいただけで帰ってくる。父親の病状が悪化し、その介護をしなければという理由で、たった十日間亮一の妻になっただけで、河西の家に帰ってきてしまうのである。十七歳の亮一と十三歳の千代のあいだに、ふつうの意味での「同衾」が成立したのかどうか、千代の『生きて行く私』を読んでも、そこのところははっきりしない。

そして、一九一三年二月、千代の記憶にのこる父俊次の最期は壮絶だった。

俊次は死ぬ三日前の大雪の日、とつぜん寝ていた部屋から這い出し、往来に倒れこんだ。台所から持ち出してきた出刃包丁をふり回し、「ねきへ寄るな、ねきへ寄ってケガをするな」と叫びながら、雪の上へ激しく吐血した。着物の裾から、多量の血や汚物が流れ出した姿が世にも凄惨だった。千代が縋《すが》りつくと、俊次は「おどれ、ねきへ寄って殺されるな」、なおも絶叫したまま雪の中に突っぷした。俊次が息をひきとるのは、それから三日めの、雪が降りやんだ二月末のことだった。千代の父俊次は、千代の眼の前でまさしく狂死したのである。

しかし、いざ父を喪ってみると、千代にはある種の安堵感というか、解放感のようなものが生じた。「父親が死んだ。私は涙を滝のように流したがやはり何となく嬉しかった。私はもうどんなことでも出来る」(『文学的自叙伝』)といった正直な解放感である。千代だけでなく、それは五人の子たち、薫や鴻や勝子や光雄や文雄にも共通する思いだったようで、気むずかしい俊次が時計の間にすわっていないということだけで、子どもたちは自由な空に飛び立ったような晴れ晴れとした気分になった。

そして——。

解放感を感じたのは、子供たちだけではなかった。母もまた、ときどき、夜になると私を連れて、浮かれ節を聞きに行くことがあった。それは、沖ノ町の木賃宿の座敷で聞かれるのが、つねであったが、浮かれ節と言うのは、浪花節のことであった。いまから七十年前の昔には、この浮かれ節が、こんな田舎町の人たちの、唯一の娯楽なのであった。

私にとっては、それは生まれて始めて聞く浮かれ節なのであった。赤い毛氈《もうせん》をかけた台を前にして、三味線に合わせ扇子を叩いて調子をとりながら、あの、「あっ」とか「はっ」とか言う金切り声の合いの手を聞くと、私は魂も裂けるような気がしたのであった。いまになって考えると、これが私の、芸術というものに対する、もっとも初歩的な開眼、なのではなかったか、と言う気がするのであった。

この『生きて行く私』にある、浮かれ節との出会いは重要である。

要するに、千代は父俊次が死んでから、初めて自らの芸術への感性を開花させるのである。母のリュウに連れられて聴きに行った浪花節が、それまで眠っていた千代の「自己表現」への熱望を呼び醒ます。それは後年、千代が文学の主題とした男の従属物としての女の性への嘆きともつながる、自意識の開花でもあった。いってみれば、千代は俊次の死によって、それまで抑圧されていた本能と自我にめざめるのである。

俊次が他界した一九一三年の三月、千代は岩国高女を卒業し、川下村小学校の代用教員となるが、翌々年秋、同校を退職して朝鮮の京城に旅立った。それは小学校の佐伯という新入り教員と恋仲になったことが原因していた。二人の仲が学校中に知れわたり、ある日校長室によばれ、校長から「今学期いっぱいでこの学校をやめて貰いたい」とつげられた千代は、そうした人の噂かられるために、朝鮮へゆこうと決心するのである。自分はどうなってもいいが、前途のある若い佐伯を人の噂の犠牲にしてはいけない。佐伯を救うためには、自分は朝鮮のような遠隔の地に消え去るのが一番いいのだと。

だが、知人の紹介で京城の『朝鮮および満州』という綜合雑誌を出している出版社に勤めて三ヶ月後、佐伯から「私も罰をうけたのです。山奥の広田村の学校へ流されることになりました。これで最後にしましょう」という手紙が届く。その手紙によって、一ど諦めていた佐伯への恋心に、ふたたび火が点いた。相手から「最後にしましょう」といわれて、千代の恋心はよけい燃えあがる。広田村に引っ越した佐伯に会いたい。そこでなら、また二人はやり直せるのではないか。京城へきて半年もたたないある日、千代は下関ゆきの連絡船に乗るのだ。

しかし、帰国してはるばる広田村の下宿を訪れた千代に、佐伯は冷めたかった。「いま、朝鮮から戻ってきました」と息を弾ませる千代にむかって、「ああた、どうしてお戻りんされたのじゃ。よもや、ああたに、わしの手紙を、お読みんされざったのじゃ、ありますまいな」と、佐伯はいう。要するに、佐伯はもうとうに、千代を過去の女にしていたのだった。佐伯がぴしゃりと閉めた雨戸の前で、千代はボウ然と立ちつくした。

千代の九十余年の生涯に、累々と記録される「失恋歴」の始まりである。

そして、一つ書きもらしたけれども、千代は佐伯と恋仲になるまでに（ほんの何ヶ月か前に）、祖母の世話で知り合ったある男に身体をゆるしていた。それも、半分は千代のほうから誘ってのことだった。教員の講習会で男を初めてみた日の夕方、一人住まいの千代を訪ねてきたその男に、「あの、晩飯を食べてお行きんされますかいの」と千代はいう。心の奥で「もう、日が暮れそうになっている。結婚する気はないが、晩飯くらいは作ってやっていいのではないか」と思うのだ。そして、晩飯が終ったあと、ふいに男に抱きすくめられ、そのまま奥の板敷きの部屋まで転がってゆく。

『生きて行く私』にはこうある。

何故、上がり框の障子をしめたままで、奥の板敷きの部屋まで転がって行ったのか、それは、人に気づかれないで、男を奥まで誘い込む積もりだったのか。分からない。男は迫って来た。私は素っ裸のままになった。私の上に男が乗って来た。私は動かなかった。何が起こるのか、私は知っていた。私はそれを待った。夢にも結婚する気はないのに、私はそれを待った。男の真下に組み敷かれて、私が何をされるのか、私は自分の眼で、はっきりとそれを見たかった。一瞬の間に、それは終わった。これが、あのことか。私は男から逃げないで、ただそのことだけを渇望して、男に組み敷かれたまま動かなかったのだと思うと、その恥ずかしさのために、男の顔を見ることが出来なかった。

宇野千代は一九一六年十九歳のときに、従兄弟にあたる藤村忠のもとに入籍するのだが、驚くなかれ、この忠は十三歳のとき父親の策略で十日間寝床を共にした亮一（雄二）の弟であった。朝鮮から帰った千代が、思いを寄せていた佐伯にフラれ、行き処を失なってしばらく河西の生家に帰っていた盆踊りの晩、弟たちと金時を食べに入った夜店で、ぐうぜん帰省中の忠といっしょに入ってきた鉄砲小路の伯母（生母リュウの姉）と再会する。そして、その伯母から「京都の第三高等学校に通っている忠の身の回りの世話をしてくれないか」と遠回しに相談され、またしても「はい」と肯くのである。

このあたりの推移も、尋常では考えられない話である。考えられないというか、俄かには信じ難い。何しろ、たとえ十日間とはいえ、かつて「嫁入り」した従兄の弟の世話をしてくれないか（京都でいっしょに暮してくれないか）と頼まれ、何と千代はそれをあっさり承諾するのだから。千代自身も、『生きて行く私』にこう書いている。悟とは忠のこと。

私が悟のところへ行く。そんなことがあって好いものであろうか。たった十日間のことではあったが、私は悟の兄の雄一の嫁と言うことになって、同じ部屋の中で、寝床を列《なら》べて寝たりもした。一緒に抱き合って寝たのではなかったとしても、人の眼にはそう見えたかも知れない。それだのに、その雄一の弟である悟のところへ私が行く。そんなことがあって好いものだろうか。

或るとき私は、母にこう言って見た。「鉄砲小路ではわしのことを、京都へ行かせたがっておるじゃがの」「ふぅん」と母も不思議そうに言った。しかし、私は自分でも知らない間に、京都に行っても好い、と思うようになっていた。夏の間、金時を食べながら、ちらっと見た悟。あの夏休みの間、鉄砲小路の家の中で、ちらっと見た悟。その何《いず》れも、一言の言葉を交わしたのでもなかったのに、私はその悟が好きであった。

のちになって私は、このときの母の気持ちをあれかこれかと考えて見たことがある。私と言う娘は、いまになると、どこへでも嫁入りの出来る、無垢の娘と言うのではない。もしも、鉄砲小路の家で、この娘を京都の悟のところへ行かせたがっていると言うのは、むしろ、有り難いことなのではないか。血縁の家へ行くと言うことで、世間の人も納得する。そうではないと言えようか。母はそう考えたのではあるまいか。

こういうのを天真爛漫というのか、多情というのか、尻軽というのか、いくら読んでも、よくわからない理クツだが、とにかくこんなふうにして千代は藤村忠の妻となるのである。今度は正式に籍を入れた結婚だった。しかも、この忠との生活は割合長くつづき、京都知恩院のなかにあった宿坊で二年すごしたあと、三高を卒業して帝大に合格した忠とともに上京する。転がりこんだのは、何とその頃湯島天神裏で別の女と暮していた亮一の家である。

千代と忠はそこで一年半ほど暮すことになるが、やがて亮一が肺結核にかかって、療養のために八丈島へ転居することになり、二人は小石川駕籠《かご》町の女髪結いの二階に引っ越した。忠が入学した東京帝大（東大の前身）のそばだった。その頃はもう故郷からの仕送りは途絶えていたので、忠は大学には籍を置いただけでほとんど出席せず、役場の臨時職員になった。千代も、あるときは雑誌社の事務員、あるときは家庭教師、あるときはホテルの食堂の女給仕など、独楽《こま》ネズミのように働いた。千代はスラリとした身体つきで、化粧をするとびっくりするような色白美人になったから、雑誌の口絵のグラビアのモデルをやったりもした。

いくつめかの勤め先に、本郷三丁目の角にあった燕楽軒という西洋料理店があって、真向いにあった中央公論社の名編集長として知られた滝田樗陰《ちょいん》がよく通ってきていた。ときどき樗陰は、すでに人気作家になっていた芥川龍之介や、久米正雄や今東光を伴って来店することがあった。その頃の今東光は目の醒めるような美少年で、ある日東光が赤いシャレたネクタイをしめた俳優のような佐藤春夫を連れてきたときには、千代の心臓は爆発しそうになった。根っからの文学少女で、将来は小説家になりたいとひそかに考えていた千代が、いわゆる「文学」の世界の人びとと出会った最初の経験であった。

折も折、髪結いの二階の住まいに、北海道で新聞事業をおこして成功していた高森の分家の伯父が訪ねてきて、「忠さんが大学を卒業したら北海道にきて新聞社に勤めないか」と奨める。二人は一も二もなく承諾し、忠が帝大を卒業するのを待って、北海道へ渡ることを決心する。目標を得た忠は、またたくまに卒業に必要な単位を取得、二人は伯父が世話してくれた札幌東一条の大通り裏の借家に住み、大通りの真んなかにあった新聞社に出勤、千代は大家の紹介で仕立て物の内職に精を出すようになった。

だが、やがて千代は時間をもてあまし、忠が新聞社に出ている時間をぬすんで、六畳一間の窓際に置いた机に原稿紙をのせ、小説を書きはじめる。千代は東京にいるあいだに、その頃出ていた『万朝報』という新聞に、ほんの三、四枚の短編小説を書いて応募し入選、僅かではあったが賞金を得た経験があった。そうだ、物を書こう。その頃東京では大新聞といわれていた『時事新報』が、翌年の正月向け企画で募集していた懸賞小説に応募しようときめ、千代は一心不乱に書きはじめるのである。

ところが、この小説が千代に藤村忠にかわる新しい恋人の出現をもたらした。

一九三一年一月、千代が書いた小説「脂粉の顔」（筆名・藤村千代）は『時事新報』の懸賞小説の一席にえらばれ、二席になったのが尾崎士郎、選外が横光利一らであった。自信を持った千代は、二作めの「墓を発《あば》く」を書き上げ、夫の忠には「二、三日東京へ出かけてくる」といって上京し、かつて燕楽軒で働いていた頃に出会った中央公論社の滝田樗陰のところへその原稿を持ち込む。滝田は一読して、「墓を発《あば》く」を同年五月号の『中央公論』に掲載することにきめる。それが書店の店頭にならんだ頃、千代は滝田に一コト礼をのべようと札幌に帰る前日に中央公論社を再訪するのだが、そのときに「この人が時事新報の懸賞小説で二席になった人ですよ」と紹介されたのが尾崎士郎だった。

『生きて行く私』とならんで千代の自伝的小説の代表作とされる『或る一人の女の話』には、そのときの尾崎士郎の印象がこう書かれている。文中では千代は「一枝」、尾崎士郎は「野崎七郎」という名に変えられている。

一枝は自分がこの男よりも上位で当選したことを、自慢に思ったのではない。焦げ茶色の、酷《ひど》く洒落た洋服を着ている癖に、ネクタイも半ばほどけ、そのどこか投げ遣りな男の身のこなしに、心が惹かれたのでもない。眼をあげた瞬間に、男の見上げた眼が一種言い難い微笑をふくんだまま、「ぼ、ぼくが、そ、その、二等賞の野崎です」と言ったときの、おどけたような その吃りの癖まで、一枝を思いもかけない感情の陥し穴に誘いこんだのであった。いや、その吃りの癖に誘われたのではない。その瞬間、一枝は、何かながい間意識することなしに過ごしていた乾いた生活の中に、ふいに、情感の溢れるものが、堰《せき》を切って流れ込んで来たような錯覚に囚われたのであった。

お察しの通り、千代はたちまちここで尾崎士郎の虜《とりこ》になるのである。
千代はその晩、たまたま同席していた某評論家と、尾崎士郎が泊まっていた中央公論社近くのホテルにゆき、そこで尾崎と酒を呑む。夜が更け、評論家が「さあ、これくらいで俺は消えるかな」といって席を立ったときも、千代は立ち上らなかった。

二人の間にどんな会話が交されたか、恐らく会話らしい会話も交さなかったことを、のちになって、一枝は不思議に思うのであった。北海道まで帰る汽車の時間はとうに過ぎていた。夜が更けて、野崎は一枝のためにもう一つの部屋を用意させたのであったが、そのことは、二人の間に交流した燃え上った感情を抑制する役には立たなかった。この最初の夜、一枝は、北海道に自分を待っている良人があると言うことを、改めて野崎に言うべきであったろうか。しかし、一枝はそのことを言わなかった。

つまり、ここで千代は、札幌で自分の帰りを待っている藤村忠のことを放っぽり出して、新進気鋭の作家尾崎士郎（千代より一つ下だった）とむすばれるのである。

千代はその年の八月に「巷の雑音」を、翌一九二三年三月に「追憶の父」を『中央公論』に発表、まもなく改造社から短篇集『脂粉の顔』が刊行され、その稿料で尾崎士郎とともに東京府荏原郡馬込町の一軒家に移った。その間一ども札幌の忠には連絡をとらなかった。千代は着のみ着のままで北海道から上京し、そのまんま尾崎士郎との新生活をスタートさせたのである。翌年の一九二四年四月、ようやく藤村忠とのあいだで協議離婚が成立、千代は二十七歳で尾崎士郎の正式の妻となった。

同じ物書きの尾崎と暮らしはじめたせいだろうか、千代は前にも増して小説に励むようになった。尾崎も競争するように「世紀の夜」という新聞小説に取り組み、徐々に文壇に頭角をあらわしはじめていた。結婚した年の四月に、千代は「夕飯」を『中央公論』に、五月には「足を撫でた女」を『大阪毎日新聞』に書く。時代が大正から昭和にうつり、千代のどこか破天荒で革新的な作品には、だんだん多くの読者がつくようになった。文壇人の知り合いもふえ、三十歳をこえた頃からは、萩原朔太郎や広津和郎や室生犀星らとも親しく交流するようになった。

尾崎と世帯をもって三年めのときだったが、川端康成に誘われて夫婦で伊豆湯ヶ島に遊び、そこで梶井基次郎と出会う。その頃すでに梶井は、あちこちの同人誌に作品を発表し、その才能を高く評価されていたが、肺結核が第三期に入っているとかで、一見筋骨隆々の体軀ながら、どこかに静かで退廃的なふんいきをただよわせた男だった。尾崎が仕事で東京に帰ってからは、千代は一人で梶井のいる瀬古の滝の宿にゆき、また梶井も千代の部屋にきて明け方まで話しこんでゆくことがあった。千代は梶井の書くものも、話も好きだった。

イヤな予感がする。

案の定、まもなく尾崎士郎とのあいだにはスキマ風が吹きはじめ、千代が湯ヶ島で梶井と親しくしているうちに、尾崎にも恋人がデキた。尾崎は小説『世紀の夜』がヒットし、毎晩のように大ぜいの仲間を引きつれて銀座を飲みあるいていた。しばらくして、湯ヶ島にいる千代のもとに「尾崎が銀座のバーの女と結婚した」という噂が伝わってくる。文壇ではもっぱら、「妻の千代が遊び回っているので、尾崎がイヤ気をさして別の女に走ったのだ」という話で持ち切りだったが、その段階では千代は戸籍上のれっきとした尾崎士郎の妻だったわけだから、尾崎が「女の両親の家で式を挙げた」（『生きて行く私』）というのはおかしな話だった。それでは尾崎は二重結婚という罪をおかしたことになる。

それと、千代と梶井がどの程度の関係だったかについては、千代の著作にははっきり書かれていない。むしろ千代はいくつかの著作において、梶井のことを「あまりタイプじゃなかった」とか、「私は面くいだから、惚れるわけないもの」とかいったりしているのだが、たぶん千代は梶井の風貌に惚れたというより、その文学的才能に惹かれていたといったほうが正確だったろう。結核が進行した梶井は、その後瀬古の滝の宿を引き払い、大阪の生家に帰っていたが、千代は新しくはじまった新聞小説の取材で、ちょくちょく関西に出かけ、そのたびに梶井と会っていた。千代が発表した新聞小説の題名は『罌粟《けし》はなぜ紅い』だったが、それは梶井が付けたものだったという説がある。

千代と梶井の親密ぶりをしめす記述は、『生きて行く私』のなかの次の箇処くらいである。

私はしばらくの間、神戸にいて、商家の二階を借り、相変らず取材を続けていたが、梶井はしばしば、私のところへやって来たものであった。或るときのことであった。「僕が死ぬときには宇野さん、大阪の家へ来てくれますね。僕の枕許で、僕の手を握っていてくれますね」と言ったことがあったが、私はそれを冗談だととった。「ええ、好いわよ。手を握っててあげるわよ」と笑いながら答えた記憶がある。

胸を病んで孤独だった梶井にとって、やはり千代は特別な存在だったようだが、この頃の千代の生活といえば、とにかくハチャメチャだった。男友だちは梶井以外にも、詩人の萩原朔太郎や牧野信一や片岡鉄平らがいて、毎晩のように酒宴をひらいていた。牧野などは尾崎と別れたあと千代が一人で住んでいた馬込の家に入りびたり、一、二ヶ月も帰らないことがあり、仕舞いには追いかけていった牧野の妻子までが同居することになった。千代は時々そんな馬込の家をぬけ出し、片岡鉄平や川端康成や三宅やす子（三宅艶子の母）たちと旅行に出かけ、男女二人ずつ同じ蒲団に寝るなんていうご乱行にもおよぶ。要するに、千代は今でいう「翔《と》んでる女」だったのである。

もっとも、川端康成にはとんと興味がわかなかったようで、『生きて行く私』にはこんな下りがある。

その宿屋の同じ部屋に四人が一緒に寝たのであったが、三宅やす子と片岡鉄平とが同じ蒲団の中で、私と川端康成とが同じ蒲団の中で寝た。私と川端とはずっと以前からの知り合いであったが、しかし、私はこの川端康成に対して、何と言うのか、少しの男臭さも感じてはいなかったし、川端の方も私に対して、少しの女臭さも感じてはいなかったので、ただ、中性同士の男女が、同じ蒲団の中で寝た、と言うだけのことであった。

一九二九年三十三歳のとき、千代はフランス帰りの画家東郷青児と出会うが、この出会いもまた奇妙なきっかけからだった。

この年の三月、東郷は愛人とガス自殺未遂事件をおこし、新聞で大きく取り上げられていた。ちょうどその頃、千代は小説『罌粟はなぜ紅い』のなかで、主人公の男女がガス自殺をとげる場面を書いていたので、東郷に「ガス自殺をしたときの男の気持ちはどんなものだったか」という電話をかける。つまり、小説上のヒントを貰うために、東郷に会いにゆくのである。ところが、千代と東郷は会ったとたんに意気投合、待ち合わせた酒場から車にのって、世田谷の深い木立ちのなかにある東郷のアトリエに向かい、それっきり千代はそこに住みついてしまうのだ。

ふたたび、『生きて行く私』から。

この東郷青児という男が、巴里帰りの有名な画家で、つい最近、情死事件を起こしたことは、連日新聞で喧伝されていたので、誰知らぬものはなかった。頸動脈を登山ナイフで切った。それでもなお、平気で、首に繃帯をまいたまま、街へ出たりする。一種、人もなげな行動は、このときの私には、何か共感を呼ぶものでもあったのか。

夜が更けて、さあ寝よう、というときになって、「こんな蒲団しかないが」と言って、押し入れから出して来た蒲団には、血痕がこびりついて、ガリガリになっていた。二人の男女の頸から流れ出した夥しい血のかたまったものだと分かったとき、私はそれを気味が悪いと思っただろうか。そうは思わなかった、と言ったら、人は信じるだろうか。

私と東郷青児とは、その夜から一緒になった。しかし、人にはそのことを、無頼の者同士の野合だと思われたくなかったので、或るとき、金ピカの縁取りをした最上等の紙に印刷した結婚の通知状を、友人知己に送ったものである。その一枚が、大阪の生家にいる梶井基次郎のところに配達されたとき、「こんな、とんでもない奴と一緒になったとは、何と言うことだ」と言って、梶井が憤慨したと言う話を、のちになって私は人づてに聞いたものであったが、さして気にもとめなかった。それから間もなくであった。梶井が大阪の家で死亡したと言う通知が来たときにも私は、あの、「枕許で手を握って下さい」と言った梶井の言葉を思い出し、とても辛くなった。

ヤレヤレ、何とも罪ぶかい女である。

あとになってこの一件を知った広津和郎が、「僕は、そんなに素早く行動することの出来る宇野さんに、寧ろ感動するよ」と言ったそうだが、これを「行動力」とよぶのだろうか。千代自身、こういう突発的な恋愛に突入するたびに、「人は信じるだろうか」という言葉を連発しているが、とてもではないが常識では考えられない千代のふるまいである。男狂いである。

けっきょく、東郷青児との「結婚生活」は千代が三十三歳のときから三十七歳になるまでの約四年間つづく。千代は東郷と暮らしはじめてまもなく「愛すべき蔓草——東郷青児と私」というエッセイを婦人公論に発表、その年の暮れに尾崎士郎と正式離婚している。千代の場合、なぜか一人の男と離婚してから次の男へ移るのではなく、新しい男と恋愛が進行してゆく途中で前の男と離婚する、といったプロセスをたどるのである。

そして、それらの経験は悉く小説の題材となった。新しい男との交際がはじまると、たちまちジャーナリズムでも話題になり、あちこちに手記を書いたりエッセイを発表したりし、それをあとから小説に仕立ててゆくといった手法である。自分の経験だけではなく、東郷から聞き出した心中未遂事件の顚末をモチイフにした小説『色ざんげ』などは、千代の著作のなかでも群をぬいて売れた。後年、東郷は半分わらいながら、「君はあの作品を書くために、僕と一緒にいたんだな」といったとか。

千代が他の男以上に、東郷青児につくしたことは有名である。パリから帰ってすぐに情死事件をおこした東郷は、しばらく制作から遠去かっていたが、千代と暮らしはじめるとふたたび生気を取りもどし、精力的にカンバスに向いはじめた。東郷の絵は人気があったから、あちこちの金持ちから肖像画を描いてくれという注文がきた。新作が出来上ると、それを風呂敷につつんで千代が届けにゆく。千代は千代で、いつも締切りに追われる人気作家だったのだから、この二足のワラジは大変だったろう。

そのうち、東郷と千代は世田谷の淡島に新しい家を建てる計画をたてる。淡島の地主から約二百坪の土地を借りうけ、整地をして、庭に芝生をうえ、そこに吹きぬけのサロンのあるコルビュジエ風の純洋風の家を建てるプランである。東郷はますます画作に励み、それを千代がセールスしてあるくという二人三脚がつづき、たちまち家の骨組みが出来、棟上げにまでこぎつけた。だが、家の完成までにはもっともっと稼がねばならない。二人は完成を待ち切れず、まだ半分も建具の入っていない家に引っ越してきたが、内情は火の車だった。

ところが、この千代の懸命の内助の功が、また一悶着おこすのである。

家の建築費用を稼ぐため、千代はある日東郷の絵をかかえ、関西に住む村田株式店の社長を訪ねる。「好いですよ。何枚でも持ってらっしゃい。ご主人の絵は、得意先の人がとても喜んでくれますから」と、村田社長から気前よく小切手の支払いを受けたあと、「今日新しくみつかった鉱山を見にゆくので、貴女もいっしょに見に行きませんか」と誘われ、のこのこ社長と何人かの社員にまじって山に出かけるのだ。

そして、嗚呼、またしても『生きて行く私』である。

十数人の全員が一どきに出掛けた。山は案外、近かった。村田社長は株式店の仕事だけではなく、山の仕事もしている。所謂山師と言うもので、鉱山に関する仕事も手掛けているのか、と私はそのとき、一種の興味を持った記憶がある。しかし、「嬉野」と言うその山には、小さな宿屋が一軒あるだけであった。着いたのは夜であった。銀を含んでいると言う鉱石を床の間に飾って、唱う、踊る、騒然たる酒宴になった。

騒ぎ疲れてみなが眠ったのは、夜明けであった。「客が多過ぎて、蒲団が足りないんだそうですよ」と笑いながらそう言って、私の寝ているそばに這入って来たのは、村田社長であった。

私たちが大阪の村田事務所へ帰ったのは、二日たった後の午後であった。思いもかけずそこに、東郷青児が来ていた。困った、と私は思った。金を急ぐので、自分で直接取りに来たのに違いなかった。私はその場で東郷に、あの、村田に貰った小切手を手渡した。東郷は小切手の文字をちらと見ただけで、一言も口を利かず、村田に礼も言わないで、外へ出た。「帰るんだ」と私に向かっても突っけんどんに言った。

東郷が腹を立て、「帰るんだ」といったのは当り前だろう。絵の集金に行った妻が、相手の金満社長と山の宿で二晩もすごしてきたのだ。二人で神戸駅まで帰る道すがら、東郷から「山であの男と寝たのか、寝なかったのか」と詰問され、「何言うのよ、寝なかったわよ。そんなこと、ある筈ないじゃない」と千代はシラをきるのだが、そんな道理が通るわけはない。

東郷と暮らしはじめていつのまにか三年がすぎていたが、淡島に念願の家を新築し、ようやく建築屋への支払いが終った頃、二人のあいだには黒々とした川がながれはじめた。

まもなく千代は、東郷と暮らす淡島の家とは別に、四谷大番町に仕事部屋を借り、そこで寝起きするようになる。尾崎士郎と馬込で暮らしていた頃もそうで、千代は時々ふっと一人になりたくなるのだった。馬込の家のすぐ裏の農家の離れを借りたり、大森の下宿屋を借りたり、千代の「放浪癖」(「結婚癖」?)は文壇でもよく知られ、原稿を取りにゆく編集者たちは、千代が転居するたびに編集者同士で情報を交換しあったりしていた。

しばらくすると、淡島の家に東郷が情死事件をおこした相手である盈子《あつこ》が住みこんでいる、という噂が伝わってきた。東郷は千代と結婚してからも、盈子とひそかに会っていたらしかった。

東郷青児と宇野千代は、約一年の別居生活をへて、一九三四年秋に正式に離婚する。千代は三十七歳になっていた。

さて、そんな息が切れるような千代の恋愛人生に、「最後の男」ともいえる北原武夫があらわれるのは、東郷と別れて一年ほどがすぎた一九三六年のことで、その頃北原武夫は都新聞（東京新聞の前身）の学芸部の記者をしていて、ある日大番町に住む千代のところに取材にきたのだった。北原は色の白い眼のパッチリした美男子であったばかりでなく、最近『妻』という新しい傾向の小説を発表して、文壇で評判になっていた売り出しの作家でもあった。千代は北原を一目みたときからメロメロになる。

まもなく二人の交際がはじまったが、北原は千代に新しい形式の娯楽雑誌を共同出資して出さないかと提案してきた。ちょうどその頃『スマイル』という本がよく売れていたので、それをもじって「スタイル」という名にしようということになる。折しもパリから帰ってきたばかりの洋画家藤田嗣治に、マドレーヌとよばれる愛人の似顔絵をデッサンしてもらい、それをピカピカの黒地のアート紙の大判の表紙に採用した。それらはすべて北原のアイディアで、北原はもともと都新聞の家庭欄を担当していたので、そういう編集のセンスには秀でていた。

同じ恋人でも北原武夫はこれまでの男とちがって、千代ともども出版社を起こしたいという事業欲をもった男だったのである。それは千代にも伝播した。北原がファッション雑誌『スタイル』を創刊すると、今度は千代が、『文体』という文芸雑誌も出そうといい出した。とにかく、戦争に突入してゆく暗い世相のなかで、印刷物がよく売れた時代だった。千代の眼からみれば、北原は『妻』や「雨」や『門』に代表されるような卓《すぐ》れたデカダンス文学の担い手でもあった男だったが、本人は物を書くこと以上に「出版の仕事に一生を賭けたい」という野心を抱いていたようなのである。

一九四一年春、千代は北原武夫と結婚する。これまでの結婚は、どちらかといえば衝動的で行き当りばったり的な観があったが、北原とは約二年間の交際（『スタイル』と『文体』を発行するための準備期間でもあった）をへての結婚であった。

二人は四月一日に、会場を帝国ホテルにし、藤田嗣治と吉屋信子を媒酌人に結婚式をあげた。その招待状を受け取った知り合いや各新聞雑誌社は、「何、宇野千代がまた結婚するんだって。それにどうしたって言うんだ。エープリルフールじゃあるまいし、四月一日に結婚するなんて」（『生きて行く私』）などと、喧々囂々の騒ぎだった。ときに、千代四十二歳、北原は十歳若い三十二歳。

結婚後、二人は四谷大番町から小石川区林町に引っ越し、千代はそのまま大番町を仕事場に使い、小石川のほうを「スタイル社」の事務所兼居宅にした。太平洋戦争が開戦する直前の一九四一年の四月には満州・中国地方を夫婦で旅行し、ひそかに『スタイル』『文体』の販売戦略を練る。

では、千代の人生に戦争はどういう影響をおよぼしたか。

満州や中国への長期旅行から帰ってしばらくは、『スタイル』や『文体』は順調に売れ、千代の創作活動も活ぱつだった。知らず知らず戦争に向かいつつあった世情の不安が、よけいに庶民を文化的なものに駆り立てていたのかもしれない。阿波の天狗屋久吉という人形師をモデルにした『人形師天狗屋久吉』もその頃の作品だったし、『文学界』に「妻の手紙」を発表し話題をよんだのもその時期だった。

しかし、それからだんだん戦局は悪化、北原は「陸軍報道班員」として徴用されて赤坂の連隊に入隊する。二つの会社も統制を余儀なくされ、『スタイル』という誌名は『女性生活』に、「スタイル社」という会社名も「文体社」になった。

そして、一九三九年に入るといよいよ戦火が烈しくなり、やがて太平洋戦争勃発、会社は解散に追いこまれる。千代は復員してきた北原とともに熱海に疎開した。熱海では、まだジャガ藷《いも》、白米などが豊富に手に入ったので、東京にいるときの食糧難からのがれることができたのだ。しかし、やがて熱海にいるのも危険になったので、二人は北原の郷里である栃木県の壬生《みぶ》へ、もう一ど疎開する。

敗戦を迎えたのは、この壬生の家でだった。八月十五日の正午、北原の両親や兄弟と座敷にすわり、陛下のご詔勅をきいた。長い空襲の恐怖からのがれられる喜びと、何ともいえない虚脱感が千代を支配していた。それと、雑誌で得た利益や原稿料の貯蓄はとっくに消えている。これからどうして生活してゆけばいいのか。

だが、捨てる神あれば拾う神ありとでもいうか、戦争が終って一ヶ月ほどした頃、以前東郷青児の個展に会場を貸してくれた前田久吉という大阪新聞の社長が、「スタイル社」をもう一どやってみないかといってきた。紙も確保してあるし、資金の用意もある。有楽町の焼け跡だが、手頃な事務所もある。のちに東京タワーの建設まで実現する名うての実業家前田は、戦後混乱の今だからこそ、かつての『スタイル』のような娯楽誌が必要なのだと力説するのである。

北原と千代は、一も二もなくこの提案を受け入れた。執筆者の手配や、造本デザインのプランが決まると、さっそく新聞に広告をのせる。一年間の予約購読料三十六円六十銭、一冊が三円、郵送料が五銭という勘定だった。前田の思惑通り、この雑誌『スタイル』の復刊は、文化や活字に飢えていた庶民たち（戦前の『スタイル』からのファンたち）の心をとらえた。広告がのった翌日から、有楽町の事務所には続々と購読希望の為替がとどきはじめたのである。

わずか一年ほどで前田からの出資金には利息をつけて返すことができ、闇ルートで手に入れた大量の紙の代金も完済することができた。

千代には代表的自伝である『生きて行く私』の他に、主に北原武夫との生活だけに特化した自伝小説『刺す』があるが、『スタイル』の復刊に成功した頃の状況を、そのなかでこんなふうに書いている。

紙に印刷してあるものなら何でも売れる。そう言う時代であったのかも知れない。初めの間はそれほどにも思えなかったのに、毎日送って来る為替《かわせ》の数は、夥《おびただ》しいものになった。

ここからあの、おかしな生活が始まった。ビルには金庫のようなものはなかったので、私たちはその為替を風呂敷に包んで、電車に乗り、坂道を下りて、毎日うちまで持って帰った。そして夜も妹と一緒に、ちゃぶ台の上でその為替を数え、為替と封筒とを別々にして保管した。「指が痛くなる」と妹が言った。思いもかけないことであったが、金を数えているのではなくて、何か内職をしている風景に似ていた。封筒の住所を帳簿に書き写す。それも妹の仕事であった。のちには不用になったその封筒が山のように溜って、それで風呂を沸かしたこともあった。

最初の雑誌が出来たとき、ビルの狭い階段に人が列んだ。事務所は四階にあったが、その四階までの狭い階段に人が列で、その列はビルの上まで続いて、ビルを一巻きして、また次の横町まで続いていた。「何だろうか」と人が言った。（略）「いつまでもこんなことは続かない、続く筈がない。世間が落着いて、正常な状態になったら、きっとあなたたちは狼狽《あわ》てる」そう言った人があった。いまは、その人の顔もはっきりと思い出せる。あんまり急激な成功だったので、世間の人たちが何と言っているか、凡その見当はついていたが、しかしこう言うとき、人の言葉は耳に這入らないものである。

ま、いつの時代においても「成功」とはそういうものなのかもしれない。しかし、千代は思いがけぬ『スタイル』復刊の成功に対しても、どこかでそれを冷静にみつめる作家の眼をもっていたようである。「それは事業の成果と言うものではなく、何か危険な仕事の報酬に似ていた」とも書く。そこには、日本が戦争に敗けたという決定的な事実があったからであり、どんな事業の成功もしょせん敗戦の対価としてあたえられた束の間の幻想にみえたからであったろう。

そして、そんな「スタイル社」の異常ともいえる復刊成功のカゲでは、癌細胞が広がるように千代と北原の生活に亀裂が入りはじめていたのである。

というのは、北原武夫にはもうずいぶん前から、千代以外の女がいたのである。とにかく北原は白顔のイケメン青年で、しかも『桜ホテル』や「マタイ伝」といった小説が文学界を席巻していた人気作家でもあったから、恋人が出来ないはずはないのだった。千代の奔放ぶりばかりが目立っていたので、北原の行状にはあまりふれなかったが、北原は従軍中にもインドネシアのジャワに恋人をつくっていたという噂があったし、大森町に事務所があった頃には、そこで事務員と逢い引きしていたのを見たという人もいた。要するに二人はどっちもどっち、似たモノ夫婦だったのである。

皮肉なことに、二人の仲に暗雲がたちこめはじめてからも、『スタイル』の勢いは止まらなかった。復刊して一年後には、銀座の一等地に土地を買い、木造二階建てのシャレた新社屋をつくり、そこへ引っ越した。いつのまにか会社では二十人の社員が働くようになっていた。『スタイル』とは別に、千代の発案で「スタイル店」というアクセサリー専門の店を出し、千代自身がラジオや雑誌で宣伝していた。一九四七年には、『文体』を季刊誌として復刊し、千代は長くあたためていた小説『おはん』を同誌で連載しはじめる。この『おはん』は、その後『中央公論』で断続的に連載されるようになり、凡そ十年後の一九五七年五月に完結をみる。

一九五一年二月には友人の宮田文子と欧州を二ヶ月にわたって旅行し、翌年五月には、米国に旅行する。そのあいだに継母のリュウが死んだ。


国税庁から取り調べが入ったのは、それからまもなくのことだった。千代がどこかで怖れていたことが現実になったのだ。ある日事務所の入り口から、どかどかと七、八人の査察官が乱入してきて、「そのまま、そのまま、そこに座って動かないで下さい」と命じたかと思うと、台所の棚のおくから、編集室の机の抽出しから、女事務員のハンドバックから、勝手口のごみ箱の蓋まであけて、何かを探しはじめた。

手入れが入るのは当然といえば当然だった。千代も北原も、雑誌の特集を考えたり編集のプランをたてることには夢中になっても、帳面に眼を通したことなど一どもなかった。何もかもドンブリ勘定で、月々いくら収入があり、それが何に使われているかさえ把握していなかった。しかも、そのあいだに千代は紙の会社から借りた金で、米国や欧州に行ったりしている。国税庁の査察は、その乱脈経営ぶりを同業者のだれかが密告してきたために行なわれたのだった。

数ヶ月後に「スタイル社」につきつけられた脱税に対する懲罰金、追徴金は億に近い金だった。社長である北原が逮捕されるかもしれないといわれたが、それだけは辛うじて免れた。

折しも、講談社から『若い女性』という『スタイル』に対抗する女性向き雑誌が出版され、あちこちの新聞に広告がのりはじめていた。思いっきり印刷のきれいな、斬新なデザインの雑誌だった。書店という書店にはその雑誌の大きな立て看板が立ち、店頭にはところ狭しと色刷のビラが下がっていた。千代も北原も、この四、五年のあいだに、他の会社でもそんなことが出来る世の中になったのだということを忘れていたのだ。

何ヶ月かして、「スタイル社」は倒産した。

しかし、そういう状況下にあっても、千代の創作欲は衰えない。

とりわけ、一九五七年六月に中央公論社から出版された『おはん』は好評で、二人の女の間をさまよう男の性の妄執を、「浄瑠璃語り」ふうな千代独特のリズム感のある文体でつづった文学性がみとめられ、十二月には同作品で第五回野間文芸賞を、翌年二月には第九回女流文学者賞を受賞した。「スタイル社」の倒産が確定的となった一九五九年以降にも、「女の日記」を『新潮』に連載し、「自伝的恋愛論」を『婦人公論』に発表。相変らず出版界で千代は引っぱりダコだった。

そんななかで、北原との関係はだんだん冷めてゆく。

脱税の追徴金を払うために、二人はすでに熱海にもっていた別宅を手放していたが、もはや銀座木挽町の新社屋も売却せねばならないときが迫っていた。主に金策に走り回っていたのは北原だったが、もう銀行からは三下り半をつきつけられていたので、まとまった金をつくるには家を売るしかない。だが、新社屋を売ってしまえば、もう二人には何も残されていないも同然だった。

そんなところに、隣家の洋服店から「スタイル社」の土地の返還をもとめる裁判がおこされる。もともとそこの土地は借地だったのだが、その地代を千代たちがある期間払い忘れていた時期があった。だが、最初の土地の権利金は、隣の洋服店の分もふくめて自分たちが払っていたので、その程度のごく僅かな地代の未納は許されるというのが千代と北原の解釈だった。しかし、洋服店は「スタイル社」が落ち目とみるや、とつぜん「土地を明け渡してくれ」とキバをむいてきたのだ。この裁判のいざこざは、かなりながいあいだつづいた。千代と北原は、とりあえず千代の妹勝子がもっていた青山のマンション（別棟が二つあった）に引っ越した。

その頃の千代と北原の生活といえば、『刺す』によるとこんなふうだ。

私たちは不思議な生活をしていた。それはどちらから言い出したものでもなかった。ながい間の習慣によって、私は良人が望んでいるように見える生活の形をひとりで納得することが出来たのだった。別棟での生活はこの形式をスムーズに行わせた。洋服を着て庭先にいる良人を見て、私は挨拶した。「お帰りなさい」「いや、これから出掛けるところだよ」、私たちは笑い合った。（略）時間が一緒でないことから、私たちはいつの間にか、別々に食事をするようになっていた。

その頃、私たちが一緒に使っていた手伝いの女の一人を良人のいる棟の方へ住まわせるようにしたことで、先ず形がきまったのであった。几帳面なことの好きなその女は、良人の棟の方で使い馴れていたものと、私の方で使い馴れていたものとを選別した。そして二つの棟で支出した金も、きちんと別々に計算した。「これはそちらのお皿ですから」と言って、その朝、良人の好きな漬物を入れて持って行かせた皿を返しに来た。始めの間、その女のきちんとした性質を面白がっていた私は、いつの間にか、そこに、夫婦ではないが、仲の好い親戚同士に似た隣家の人を見出したのであったが、それでも吃驚はしなかった。

しかし或るとき、私の方で作った良人の好物を持って行かせると、「旦那さまはご病気だから、甘いものは召し上らない」と言って、その女が返してよこしたと言うのである。私は良人が病気なのを知らないで暮していたほど、疎遠になっていたのだろうか。この思いは私を狼狽させた。良人は軽い糖尿病で、その日から、甘いものは止めることにしていたとのことであった。

裁判にも決着がつき（もちろん負けたが）、一部の債務をのこして会社の整理も概ね片づきかけたある日だった。

千代はとつぜん北原武夫から「やっぱり離婚をして貰いたいんだ」と切り出される。千代は「あなたがそうしたいのなら私の方はいいの」と答える。『刺す』ではこうだ。

「あなたがそうしたいと思うなら、私の方は好いの」と、ぼそぼそと独り言のような言い方をして答えた。かちかちと体が慄えるような気がしたが、急いで微笑しようとした。そして、何を言っているのか分からないのに、また続けて言った。「その方が自然なのね。自然なようにしたら好いのよ」「籍も抜いて貰いたいが」「ええ、好いわ」「だが、本籍はどこにあるのだろう」と畳みかけるようにして良人が言ったとき、私の胸にふいに悲しみが噴き上げてきた。本籍などと言う、事務的な、細部の相談によって、これが架空のことではなく、実際に行われることなのだと言うことが分かるとそのことで、ふいに恐怖が湧き起った。私は大きな声で、「厭、別れるのは厭」と叫びたかった。「そんなことをして、私は恐わいのよ」と叫びたかった。しかし、そのとき、良人のはだけた胸が大きく、波のように揺れているのを見ると、私は反対に、本籍のあるところを教えたのであった。

「来月の十日ごろ、アパートをめっけて越す」そう言って、良人は立ち上った。そして障子に手をかけてから、「それから、あの金はどうしよう、毎月の」と聞いた。それは、二人が離れてからのち、あの、社の負債の償却の金は、どこへ送ったら好いか、と言うことであった。私は何の動揺もなく、「あれは好いのよ。あなたもお金がかかるようになるから」と言ったのち、突然、これで、もう何もかもお了いになった。あの、社の金のことだけは、二人の間の繫がりであったのかも知れないのに、この私の一と言で、そのことさえも、はっきりと区切りがついて了い、もうこのほかには二人の間を繫ぐものが、何もなくなって了った、と言うことが、みぞおちに響くような感覚で、私をゆすぶったのであった。

正確にいえば、千代と北原が離婚したのは一九六五年九月のことで、千代は六十七歳だった。

前にものべたが、千代の他の男たちとの結婚生活は、だいたい五年から八年で破綻していたが、北原武夫とは二十五年間つづいたのである。

だが、『刺す』に何ども出てくるように、北原との生活はとうの昔から「家庭内別居」のようなものだったから、もはや「結婚」の体《てい》はなしていなかったというべきだろう。たとえば、北原も千代と同じ物書きだったから、千代が銀座の家にいるときは熱海の家で仕事をし、千代もまた自分の原稿がたまってくるとますます銀座の仕事場を離れなくなった。何年も前から、千代は着物の仕事もはじめていて、そっちのほうも物書き以上に忙しかったから、発表会や講演であちこち地方を飛び回っていたのだ。会社が倒産して妹の青山のマンションに引っ越してからも、二人は別々の棟に住んでいた。

『刺す』の真んなかあたりに、千代の北原に対する、というより、千代がそれまでに関わったあらゆる「交際相手」、「結婚相手」に対する千代の総括ともいえる印象的な文章が出てくる。

この昔噺は、いつでも私の心の中で、私自身をわらう喩え話になる。

それはさそりと亀の寓話である。あるとき海に出ようとする亀に、さそりが自分も一緒にその背中へ乗せてくれ、俺は泳げないんだと頼んだ。亀は断った。海へ出てから俺を刺す気だろう、と言うのである。するとさそりは、「何を言うんだ。お前を刺したら、俺も一緒に海へ沈んでしまうじゃないか。沈んで死んで了うじゃないか」と言ったので、亀はやっと納得してその背中にさそりを乗せて一緒に海へ出た。だが、約束は守られなかった。海の真中へ出ると、さそりはやはりその鋏《はさみ》で、亀の甲羅の上から、腹まで通れとばかりに刺したのである。や、刺したな、お前も一緒に溺れて死ぬんだよ、と言うと、さそりは悲しい声で言った。「分かっているよ。でも刺すのは私の性質なんだ、刺さずにはいられないんだ。堪忍しておくれ」

小野竹喬と長男春男

あの、薄くれなゐとも茜色ともつかない独特の色彩と、深い静謐につつまれた自然描写によって一時代を画した京都画壇の重鎮小野竹喬《ちっきょう》に、同じ絵の道を志し竹喬と同じ京都市立絵画専門学校（現・京都市立芸術大学）を卒業、太平洋戦争で中国に出征し、一九四三年十一月二十七歳で戦死した長男小野春男がいたことはあまり知られていない。

戦地にわが子を送り出し、戦死の報をうけて生きる気力を喪った親は多いだろうが、それが「画家の息子」であった場合、その悲嘆は如何ばかりだったかと想像される。画家自らが血をわけたわが子を戦場で喪っただけでなく、その血脈が将来において生み出したであろう未知の「画家の仕事」をも戦争に奪われたのである。それは文字通り、自らの分身を奪われたといってもいい喪失感だったのではなかろうか。

小野竹喬と長男春男

小野竹喬（本名英吉）は、一八八九年十一月二十日に岡山県笠岡に生まれ、一九〇三年京都に出て竹内栖鳳《せいほう》に師事、京都市立絵画専門学校に学んだ。

竹喬は、同校を卒業後文展に出品して注目をあびるが、一九一八年に村上華岳、土田《つちだ》麦僊《ばくせん》らと国画創作協会を結成、その解散後帝展（旧文展）に復帰して発表をつづけた。当初は栖鳳を通じ西洋近代絵画の影響をうけた画風だったが、一九二一年から翌年にかけてのヨーロッパ遊学から帰国後は、東洋的な美意識に目覚め、いわゆる竹喬画ともいわれる清雅で詩情ゆたかな画境を確立する。とくに山や川、空、雲など自然風物をモチイフにした作品への評価は高く、代表作となる「冬日帖」や「夕雲」などはその到達点だった。

そんな父竹喬と母トラヨのあいだに、一九一七年六月二十二日、長男として生まれたのが小野春男である。春男は父親ゆずりの画才をもった子に生まれ、早くから竹喬が画室で一心に絵筆を動かす姿をみて育った。たまに竹喬が庭に出て野草や花のスケッチをしていると、そのよこに座って父の写生帖をのぞきこんでいることもあった。ふだんから子育てはトラヨ任せだった竹喬だが、ある日トラヨに「この子は私の絵の虫といっしょに生まれてきた子かもしれない」とつぶやいたという。

京都市立衣笠小学校、府立第三中学校を卒業し、父と同じ京都市立絵画専門学校の本科にすすんだ春男は、在学中に第六回京都市美術展覧会（市展）に「樹林」を出品し、早くも注目をあびる。「樹林」は深い緑色と、群青色の濃淡を活かした絵で、やはりどこかに父竹喬の色彩感を匂わせた作品だったが、その後の春男は、父が得意とした風景画ではなく、どちらかといえば花鳥や人物を描くことが多くなった。それは春男が心のどこかに、竹喬の子であるという宿命からのがれ、独自の画境を築きたいという願いをもっていた表われだったかもしれない。

美校に入ると同時に、当時京都等持院の門前にあった小野邸には春男専用のアトリエが建てられ、妹道子の記憶によると、時々美校の画友たちがそこに集まって、一晩中画作のことや、人生論や文学論を語り明かしたりしていたという。

だが、春男が卒業制作「なんば」（これも評判になった）を描きあげ、京都市立絵画専門学校を卒業した一九三七年の七月に日中戦争が勃発。翌年には国家総動員法が施行され、春男の同級生も次々に戦地に引っぱられていった。そして、一九四一年十二月八日太平洋戦争に突入すると、翌四二年七月九日、ついに春男のもとにも臨時召集令状がとどく。

その頃すでに日本の世相は軍国主義一色に染まり、日本画に使う絹布や顔料などの規格統制もはじまっていて、春男も召集を覚悟していたようだったが、それにしても慌ただしい出征だった。はるばる疎開先の富山から駆けつけた父の竹喬とも、一夕食膳を共にしただけで、翌日には入営せねばならなかった。後年発見された春男の日記には、「とらはれているのだろうか、それとも全然才能がないのだろうか。一つも思ふやうにならない。何たる絵だ。線だ」、あるいは「我が形式、自分の表現形式、表現せんとするものと表現との一致、これは又何んと困難なことであらう」というような、自分の作画への反省と嘆きばかりがつづられていて、出征そのものへの感想はほとんど書かれていない。おそらく春男の心には、戦地に発つことへの恐怖心よりも、二十六年のあいだ、ついに一点とて満足できる絵を描けなかった一画学徒としての無念のほうが大きかったにちがいない。

父竹喬とすごした出征前の一夜、こんな出来ごとがあった。

竹喬はその頃、家族ぐるみで交際していた富山県入善町の名利養照寺に妻子とともに身を寄せていたのだが、竹喬に同道し京都の送別の宴に同席していた若住職藤裔《ふじすえ》常尊《じょうそん》が秋に結婚するという話がでて、春男が祝いの品として自作のうちから一点、幅約九十センチ高さ約百センチの大作「女性像」を常尊に贈呈すると申し出たのである。その「女性像」のモデルは春男の婚約者彌生だった。常尊は春男より四歳上だったから、春男の心奥には戦地から還《かえ》ったら、自分も常尊と同じように彌生と幸せな世帯をもちたいという願いがあったのだろう。もちろん竹喬もその申し出に賛同し、作品の画面右下に自ら筆をとって次のような添え書きを入れた。

　昭和十七年七月九日息春男臨時召集令状を拝受す　親友常尊氏遠

く富山県下より来りて餞送す　談笑のうち偶々常尊氏の婚儀今秋に
挙式さるるを聞き春男其出立に際し自作を以て祝意を表さんとして
春男に変り茲に其由縁を記す
昭和十七年七月十五日　　　　竹喬生

「十七年七月十五日」というのは、春男が出征した当日の日付である。父竹喬にとって、息子の絵に自ら「竹喬生」という銘を入れるということは、出征前夜にこうして父子が送別の盃をかわし、子の武運長久を祈ったという証《あかし》であり、同時に竹喬がその頃すでに春男を、一人前の画家として認知しようとしていた証左であるといえただろう。

この「女性像」の所在が明らかになったのは、春男が戦死して七十年近くが経ったごく最近のことで、養照寺のふすまに貼りこまれていたこの絵は、その後笠間市立竹喬美術館の手でふすまから切り取られて修復され、二〇一五年七月十八日から九月六日にかけて、同館における展覧会で初めて公開されて話題をよんだ。髪を現代風にまとめ、広い額を出した着物姿の婚約者彌生が、斜め座りしてこちらを向き、右手に白いカーネーションを持ってポーズをとっている。まだ未完成であるということだろうか、唇や花びらのあたりは薄い下塗りが施されたまま絵筆がおかれているのが印象的だ。

たぶん、この「女性像」が小野春男が出征前に描いた最後の作品、つまり「絶筆」であるとみてまちがいはないだろう。

では、中国戦線に出征した小野春男の従軍生活とはどんなふうだったのか。

従軍生活といっても短かった。春男は一九四二年七月十五日に伏見中部第三十七部隊に入隊、中国に出征すると、嵐一〇九連隊一一中隊に所属し、翌四三年十一月頃常徳総攻撃作戦に加わり、中国湖南省北部の戦線に移動するのだが、十二月二日歩哨に立っているとき、巡回終了直前に敵軍の手榴弾をあびて戦死してしまうのだ。京都で父竹喬と送別の盃をかわしてから、僅か一年半という短い戦歴だった。

軍隊時代の春男の生活をふりかえる資料は少ないが、京都市立絵画専門学校時代の一年先輩にあたり、三大隊一一中隊長だった椙村睦親《すぎむらまさちか》氏が、同校の回想録に寄せた「小野春男君との思い出」にはこうある。

「彼が軍籍に入ってからの私との最初の出会いは昭和十八年夏の中国戦線であった。当時私は嵐一〇九連隊三大隊一一中隊長として、草中安慶《そうちゆうあんけい》大学の校舎を兵舎に使っていた。そのころ内地から補充の兵士名簿を受け取り、目を通していると小野春男君の名前が入ったではないか。

直ちに小野君を中隊長室へ呼び、『幹部候補生を志願して内地に帰るよう』と勧めたが、彼は『軍将校になれば長く軍隊に留められるからいやだ』といって聞かなかった。その年の秋常徳作戦が始まり、私は初戦で敵の手榴弾の跳弾を膝に受け、歩行困難となって野戦病院へ護送された。治療一ヶ月後本隊へ追求《ママ》したが、その時はすでに作戦は終了し、各部隊は反転の途中であった。中隊に復員して最初に報告を受けたのは、七名の戦死と煙草の箱に納められた遺骨であった。その七名の中に小野春男君もいたのである。戦死の日は常徳攻撃の命が下った昭和十八年十一月二十五日から十二月三日の間だったと思う」

中隊長と新入りの補充兵という軍隊での上下関係はあっても、椙村氏も春男も同じ絵専で画家をめざして学んでいた仲間だったから、春男の「将校になれば長く軍隊にいなければならなくなる」という思いは、よく理解できたはずである。春男はとにかく一日でも早く祖国へ帰って、絵を描きたかったのだ。途中で絵筆をおいてきた習作がいくつもあったから、それも気がかりだったにちがいない。しかし、運命は残酷だった。その後椙村氏は敵軍の手榴弾を脚にうけて負傷したものの、治療後作戦が終了して中隊に引き揚げることになり、そのうち終戦になって、戦死をまぬがれる。そして、春男はといえば、厳寒の湖南省北部の前線に立ち、深更歩哨軍務をつづけるうち被弾して二十六歳の生をとじるのだ。

死の直前、春男の胸を去来したものが何であったかを想像することは困難だが、中国へ出征していらい、祖国で自分の帰りを待つ父竹喬や母トラヨ、姉悦子や妹英子や道子、親族への万感、そして何より結婚の約束をしていた恋人彌生に対する思慕が胸をひたしていたことはたしかだったろう。

　春男の死後発見された日記帖には、自らの理想とする作画の完成をもとめて苦悩する、画学徒小野春男のいまわの際の言葉がいくつも記されているが、そのなかにほんの何行かだが、婚約者である彌生にむけたこんな記述がのこる。

彌生。幼児以後かつてなかった幸福が、俺をおそふ。
すべての行動や思索がそれにからまる。

（昭和十六年十二月二十二日）

彌生。お前との交渉の半年が、
君に対する俺の恋情を確固たるものにした。
最早永久に消えない愛情だらう。
己れの愛情に対して確信がもてたこと、

これこそ大きな喜びなのだ。益々愛するだらう。
たしかに愛するといふことは豊かにしてくれる。

（昭和十七年七月三日）

美校時代から哲学書や文学書に読み耽っていたという春男の、ちょっぴり哲学的、文学的な表現がところどころに登場するけれど、ここには将来の伴侶と思い定めた彌生に対するいかにも春男らしいまっすぐな心情が語られている。

そして、もう一つ日記のなかの文章で惹かれるのは、父竹喬に対する何ともいえないふくざつな感情である。

作画への悶々たる思いにまじって、これも数行だが、こんな言葉がつづられている。

友達も誰れもかれも
親父をあてにして僕と関係せるものは
やがて僕からはなれてゆく。

（昭和十六年四月二十九日）

何か具体的な出来ごとがあったのかはわからないが、出征前春男の京都等持院のアトリエには、日夜絵専で学ぶ仲間たちが集い、絵画論や文学論に花を咲かせていた。そうした画友のなかには、小野竹喬という著名な画家を父にもっているという理由だけで、春男に近づいてくる者もいたらしい。春男と交際することで、父親である竹喬に絵を見てもらい、出世の糸口をつかみたいと策略する者が、やがて自分から去ってゆく後ろ姿をみるたび、春男は巨匠の子に生まれた自身の出自を呪うのである。

春男が抱いていたそうした父親に対する愛憎の思いは、ある意味では春男に画家としての「自立」をうながす大きな要因になっていたのかもしれない。

たとえば日記のなかでくりかえし、「我が形式、自分の表現形式を見い出さなくてはならない」といっているのもそうだし、出征前に伯父にあてた手紙で「絵の勉強さへ出来たらと思っています。他のことで弱い僕だから、この一点で強くなりたい」と自らを鼓舞しているところもそうである。その「自立」は、画家としての「自立」をいうのと同時に、敬愛する父であり偉大な画家である小野竹喬からの「自立」をもさしているのである。

それでは、竹喬は息子の戦死を、どう受けとめたのだろうか。

生前竹喬は、他の子三人が娘だったこともあって、ことのほか春男のことを可愛がっていた。

竹喬はどちらかといえば小柄なほうで背が低かったが、春男はひょろりとした背高い子に育って、少しタレ目の顔だちは、竹喬とよく似ていた。春男は美校時代からひょうきん者で、画友の前で頰っぺたをふくらませたりツケ髪をつけたりして、竹喬の仕草を真似するのが得意だったという。また、中学の頃から手品に凝りはじめ、制作に疲れると、息ぬきでトランプの手品を練習したりしていた。画友たちと談笑しているときなど、ふいに帽子のなかからカーネーションを出したり、水の入ったコップを逆さにしてみたりして、皆をおどろかせるのである。

無口であまり人前で喜怒哀楽を表わすことのなかった父親の竹喬は、そんな自分にない一面をもった春男の成長に眼を細めていたのだろう。

その春男が絵専を卒業してすぐ、草でもムシられるように戦場に持ってゆかれ、あっというまに戦死してしまったのだ。竹喬の眼の前から忽然と消えてしまったのだ。世の中にこんな理不尽な、不条理なことがあっていいものだろうか。

わが子の戦死を嘆き悲しむ竹喬の姿が、京都市立絵画専門学校で春男と同級だった寺平誠介氏の「竹喬先生と春男君」という小文のなかに出てくる。

戦争が終わり中支より帰った私は思いがけなくも春男君の戦死を知らされた。友人が間借りしていた妙心寺蟠桃院《はんとう》で、われわれはささやかな追悼の催しをもった。心の通った三、四人の集りであったが、竹喬先生は彼の愛蔵した何冊かの画集と、生前のスケッチ数点を持って同席され、形見分けとして私たちに下さった。

彼は中支の戦線で歩哨に立っていて狙撃されたという。軍隊という集団生活の中で一人になれるのは——自己を取り戻すことの出来るのは……実はたえず全神経を研ぎすまし、見えざる敵に対さなければならないのだが……歩哨に立っている時である。

またたく灯火一つとてない大陸の深夜、中天の円らかな月を望み、なぜ人間同士戦争をしなければならないのか、と不条理な理念に駆られた経験が私にもある。あるいは彼もそのような隙に撃たれたのではないか。

「病気で亡くしたのと違って、不意に自分の動脈をたち切られたようで……」暗然と語られた先生に、われわれは返す言葉がなかった。

後年、映画「二十四の瞳」の出征の場面で、先生は我慢できなくなり慟哭されたという。その声に隣席の若者が「不思議そうな顔で私を見ていましたが……」と、その折には淡々と話されたが、癒ゆべくもない傷痕の深さが想われるばかりである。

竹喬の抱く悲嘆と孤独の深さが伝わってくるようである。

絵専の卒業生が三、四人あつまってひらいた追悼の会に、わざわざ春男の画集と形見のスケッチを携えて竹喬が参加したというのだから、竹喬が当時どれほど春男の戦死にうちのめされていたかがわかるというものだろう。竹喬は息子と同じ戦場から還《かえ》ってきた若者たちの口から、最期の春男の消息を少しでもききたくて追悼会に出てきたのだ。子の親として、子の最期がどのようなものであったかを知りたいと願うのは当然である。いかに巨匠とよばれる画家であっても、一人の子の親であることに変わりはない。

そして、「不意に動脈をたち切られたようで」という吐露には、竹喬の文字通り血を吐くような悲しみがこめられている。春男を戦争に奪われたことは、自分の全身をめぐる血流の源を断たれたのと同じことだと竹喬はいっているのである。

映画「二十四の瞳」を観て、人目もはばからず慟哭したという話も有名だ。一九四三年十月、小雨ふる神宮外苑を学徒出陣して行った学生たちの姿をスクリーンにみて、竹喬はそれに春男の姿を重ねないわけにはゆかなかった。天皇陛下のため大日本帝国のためという掛け声のもと、絵筆を銃に替えて戦地に向った七十七校三万人余の学生たちのなかに、自分の愛する春男もいたのだ。なんでこれが号泣せずにいられよう。

先述したが、春男の上官で回想録に「小野春男君の思い出」を載せた椙村睦親氏の後段の文章には、竹喬が最初に春男の戦死を知らされたときの経緯もつづられている。

椙村氏が春男の戦死後、武昌地方で展開された湘桂作戦にふたたび参加し、二どめの負傷を負って内地へ送還され、京都高野川陸軍病院に入院したとき、春男の戦死を報告するべく、病をおして等持院の竹喬宅を訪れる下りである。

入院中の十九年初秋のころであったと記憶するが、私は松葉杖をついて等持院の竹喬先生のお宅へ春男君の戦死の状況をお知らせに伺った。奥様はご病床でお出会い出来なかったが、お座敷へ通され、先生にありのままをご報告申し上げた。

その時奥様はまだ春男君の生存を信じておられたご様子で、私の報告で戦死が事実であることを知られ、急に亡くなられたとの知らせを受けてご葬儀に参列させていただいた。その節春男君のご令姉（林司馬先生のご令室）とおあいしてお悔やみを申し上げたのを覚えている。

小野家の墓地は、京都大宮頭十二坊にあって、今は亡き竹喬先生ご夫妻とともに、春男君も永遠の眠りについておられる。

文中にある通り、小野竹喬の妻トラヨは、春男の戦死を知った翌一九四五年一月に、五十歳で亡くなっている。子春男の葬儀が東本願寺で行なわれた前年七月から僅か半年後に、トラヨは春男を追うように他界するのである。何年か前から病床に臥していたトラヨだったが、春男戦死の報がどれほど大きな心痛となったかは手にとれてわかる。

竹喬は一九三六年十月には次女英子十六歳を病で喪っていた。のこされた長姉悦子は、英子死去の翌々年、のぞまれて日本画家林司馬のもとに嫁いでいたので、英子につづく春男、トラヨ、家族三人の相次ぐ死は、竹喬の身辺を一挙に寂しくさせるものだった。小野竹喬は、日中戦争が開戦した前年から、太平洋戦争が終る昭和二十年にかけて、愛する家族を次々に喪う悲運の日本画家となったのである。

文学作品なので、多少のフィクションも入ると思われるが、晩年の小野竹喬の姿をつぶさにとらえた小説に、水上勉の『昨日の雪』がある。作家水上勉が、幼い頃京都の寺に奉公していたことは広く知られているが、たまたま奉公していたのが竹喬の家のそばの等持院だった。『昨日の雪』は、そんな縁で幼少期から竹喬の暮らしを垣間見ながら育った水上勉少年が、その後小説家として名をなし、やがて竹喬に自著のカバー絵を描いてもらったり、新聞小説の題名を書いてもらったりするようになるまでを回想した私小説だが、そこには戦死した長男春男のことや、次々と家族を喪いながら八十をすぎた老境を孤独に生きてゆく人間小野竹喬の横顔が、水上勉熟練の艶《つや》のある文章で語られている。

小さい頃、といっても十三歳から十七歳まで、私は小野先生のアトリエの見える等持院にいた。そこの小僧だった。先生の自宅は境内の西隅にあって、アトリエは鐘楼の西、かなり密生した梅林をへだてて、竹垣の向うにあった、瓦ぶき平屋だから屋根しか見えなかったが、鐘衝《つ》きに楼へあがると、そのアトリエの軒端がのぞけ、先生が縁先に出ておられる姿が見えたりした。

春夫《ママ》さんと同級の小僧が私の上にいたので、よく、春男さんが、寺へあそびにきた。日の暮れまで寺にいると、姉の悦子さんがよびにきた。

私たち小僧は、正月三日だけ、小野家によばれて、奥さまもまじえて百人一首や、ゼスチャーあそびをした。春夫さんは手品が上手で、コップの水を一瞬にして赤い水にすりかえてみせる特技があった。手品をやる時は、春夫さんは中国服をき、中国人の帽子をかぶり、口ヒゲをつけて子供部屋からあらわれた。私たちのあそぶのは、小野家の居間で、台所と玄関のあいだにあった。私たちは、勝手口から出入りしていたので、正玄関の方は通ったことがなかった。私たちのあそんでいる居間へ、小野先生が顔をだされることもなかった。

中学時代の春男が手品に凝っていたことは、いくつかの他の資料にも紹介されているが、水上勉もその頃の春男をよく覚えていたようだ。正月の三日間だけ、等持院の小僧たちは日頃の作務から解放されて、ごちそうの出る小野家にあそびにゆくのが娯しみだった。小野邸は広かったので、隣の等持院の小僧たちをまじえて家族がワイワイ騒いでいても、奥の画室にいる竹喬の仕事の妨げにはならなかったのだろう。

『昨日の雪』には、水上勉と春男の接点はこの頃だけのことで、やがて何十年もの月日がながれ、社会派の推理小説を書いて人気作家となった水上勉が、等持院での小僧時代の経験をヒントにして書いた自著『雁の寺』(これで直木賞を受賞した)を竹喬に送ったのがきっかけで、ふたりは急速に親しくなったと書かれている。

しかし、後年になるまで、水上勉は春男の戦死を知らなかったらしい。


私は十七歳になって等持院を脱走して、還俗《げんぞく》したので、もちろん、春夫《ママ》さんとも会わなくなった。春夫さんは、美術学校にすすまれたが、卒業してまもなく応召して、戦死された。こういうことも、ずいぶんたってからきいた。そういえば、春夫さんの戦死をきいたのちに、背高かった奥さまと英子さんの逝去も知った。にぎやかだった小野邸に三人の死者だった。悦子さんは、絵描きさんと結婚されたときいていたから、小野先生は、昭和十年代の後半に、家族の大半を失われて、孤独になられたのである。


だれの眼からみても、家族を何人も喪い老境に入った竹喬の背中は寂しげにみえたのだろう。

一九五四年十月十四日付の毎日新聞に、竹喬は自分の作品を自解する形で、「わたくしは子供の出征を送って行く道に、夏雲のわき立つを見て、何となくはるかな想いをした。戦死の報を受け取ったとき、その魂が空にあるような気がした。あのふわりと浮かぶ雲に、その霊が乗っているのではないだろうかとよく思った」と書き、当時の日記には「これから私は二人分の仕事をする」という決意を語っているのだが、まさしく晩年の小野竹喬は、春男の面影だけを胸に抱いて画布にむかっていたように思われる。後年になればなるほど、竹喬の絵がますます空とか雲とか夕焼けとかいった題材にしぼられてきたのも、戦死した春男への哀惜があってのことだったにちがいない。

たとえば一九四三年（春男の戦死直後）に描かれた「秋陽（新冬）」、翌年に発表された「月」もそうである。「秋陽」は、か細い樹影の向うにひろがる仄かな夕陽の明るさを描いた絵であり、「月」は、昏《くら》い夕闇に諍《あらが》うかのような月明を描いた作品である。どちらの絵にも、愛息春男の霊にささげる鎮魂の思いがやどっているように思われる。

とくに、「冬日帖」や「夕雲」にある、寂寥とも孤愁ともつかぬ雪明りや夕焼けにそまる画面には、まるで「自分の動脈をたち切った」と表現した竹喬の、春男への哀惜色といってもいい淡い茜色がひろがっていて胸をうたれる。まるで人の血を涙でうすめたような夕空の朱み。それは竹喬の心奥に沈澱していた、父と子の愛別への哀しみから生み出された色彩であるといえたかもしれない。

水上勉の小説『昨日の雪』で、もっともしんとした気持ちにさせられるのは、終章近くのこのシーンである。水上勉が所用で京都へゆくために東京駅の階段を上がってくると、ホームの腰掛けにぽつんと一人ですわっている小野竹喬を見かける。


「小野先生」

びっくりして寄っていった。周囲に人はいたが、先生の随行らしい姿はなかった。

「おひとりですか」

先生はうなずかれた。お顔色がいくらかすぐれないようだった。曇り空のせいかと私は思った。先生は、小さな鞄をそろえた膝上において、両手をその鞄の上にのせ、考えごとをしておられたようだった。私はきいた。

「京へお帰りですか」

「これからちょっと人を待って……東北へ……」

とおっしゃった。「奥の細道」の旅だな、と私は思った。新聞でだったか、先生が芭蕉の足跡を辿っておられる記事をよんでいた。

「いつも、旅行はおひとりなのですか」

「ええ」

先生は微笑された。二、三分の立ち話だった。私の乗る汽車のベルが鳴った。お辞儀して別れた。ふりかえると先生は、私の方を見ておられた。

ただこれだけのシーンである。

これだけのシーンだが、この昼下りの東京駅のホームにぽつんとすわった小野竹喬の、まるで孤愁のかたまりといってもいい佇いが胸にせまる。

「奥の細道紀行」の竹喬展は、その後東京や京都で開催され、美術界でも話題になった展覧会だった。新聞や美術雑誌でも大きく紹介され、画集も刊行された。約三百年前に松尾芭蕉があるいた奥州、北陸の名所旧跡を、八十路に入った竹喬がひとり旅し、枯淡の絵筆で諸々の自然風物を描き辿ったのである。一九七九年九十歳で没した竹喬が、晩年最も心血をそそいだ仕事の一つだったといってよいだろう。しかし、その一つ一つの絵のあいだには、この日の東京駅で見たようなひとりぼっちの画家の姿があったのである。駅のベンチに鞄を膝においてぽつんとすわり、何やら考えごとをしている老画家の姿があったのである。

竹喬が得意としていた山でもなければ川でもない、夕映残照の風景でもない、ある昼下りの東京駅のホームの人混みのなかの光景なのだが、この光景もまた、竹喬の「動脈をたち切られたよう」な淡い茜色にそめられた一幅の絵のように思われて仕方ない。

河野裕子とその家族

　手もとに、二〇一〇年八月十二日に六十四歳で亡くなった歌人河野《かわの》裕子《ゆうこ》の晩年を伝える『家族の歌——河野裕子の死をみつめて』（文春文庫）という文庫本と、生前最後に出した『あなた』（岩波書店）という単行本の歌集がある。

　文庫本のあとがきに書かれていた文章で知ったのだが、『家族の歌』は産経新聞夕刊に連載されていた河野家のリレーエッセイ「お茶にしようか」をまとめたもので、単行本が出版されたときにはまだ連載が継続中で、文庫化されるにあたってその後の三ヶ月分のエッセイを追加したものだという。

　裕子の夫であり、裕子と同じ歌人である永田和宏が文庫版のまえがきに書いた文章によると、『家族の歌』の刊行はこのような経緯から生まれたものだった。

産経新聞の夕刊（大阪本社発行）に「お茶にしようか」として、家族が互いにエッセイを連載するという企画は、河野裕子が、産経新聞記者の岸本佳子さんとある会合で出あって、自然に出た話だという。河野がどのような意図をもって連載を引き受けようとしたのかは、今となっては確かめようもないが、私に相談されたとき、私が賛成した理由ははっきりしている。河野が望むのならば、なんでもやってみようと思ったのだった。連載が始まった二〇〇九年九月二日、河野は乳癌の再発のため、化学療法を受けている最中であった。再発がわかったのは前年の七月であったが、それから一年あまり、化学療法の副作用に耐えながら、河野は自分の仕事を精一杯こなしていた。岸本さんとのあいだに連載の話がでたのも、ある文学賞の選考委員を引き受け、その授賞式のパーティのときだったという。

家族としてはもう少し仕事をセーブさせたいという思いと、精一杯仕事を続けることが河野の望むところならば、そのまま続けさせてやりたいとの思いが常にせめぎ合っていた。

再発癌の治療がむずかしいことは私がいちばんよく知っている。時間の問題であることも承知しているが、それならば最後まで全力疾走させてやりたかった。そして、私たち家族にできることは、河野の最期の時間を、最後まで彼女と一緒に走りつづける以外になかった。

夫の和宏は、「塔」短歌会を主宰する短歌界の一人者であると同時に、京都産業大学総合生命科学部で教鞭をとる細胞生物学者でもあったから、一般人よりは何倍も癌という病に対する知識は豊富だったろう。その和宏からみても、この連載を始めたときの河野裕子の病状は、すでに猶予をあたえられぬ段階に入っていたと思われる。

しかし、河野裕子もまた戦後の現代歌壇を代表する歌人の一人であり、その作歌活動が人一倍旺盛であることは知られていた。和宏がいうように、河野裕子は「精一杯歌をつくりつづける人生」をえらんだのだった。その結果、『家族の歌』は夫である和宏の他に、やはり歌人の道にすすんだ長男の永田淳、長女の永田紅、途中からは淳と結婚した植田裕子（河野家に入籍したことで河野裕子と同姓同名になった）が加わるという、家族総出のリレーエッセイとなった。夫婦そろって歌人というだけでもめずらしかったが、河野家の場合は、（植田裕子をのぞく）家族四人全員が歌人というめったにお目にかかれない歌人一家だったのである。『家族の歌』はそんな四人の家族が、最後まで「歌をつくること」に殉じた歌人である河野裕子の死に、それぞれの作歌をもって伴走した闘病記録、介護記録であるともいえただろう。

文庫本『家族の歌』の表紙カバーになっている一家の写真は、ほほえましいスナップである。撮影場所が「青磁社にて」とあるところをみると、そこは長男淳が代表をつとめる出版社「青磁社」の屋内と思われるのだが、螺旋状の階段に、上から淳、淳の妻裕子、二人の長男と長女、そして永田和宏、河野裕子、長女の紅の順でならんですわっている。永田和宏、河野裕子夫妻も少し微笑んでいる表情だし、家族一同みんななごやかなふんいきでこちらをみている。

撮影年は「二〇〇四年」とされているから、この写真は『家族の歌』の連載がはじまった二〇〇九年九月よりも、五年ほど早い時期に撮られたものと思われる。河野裕子の左胸の乳癌が見つかったのは、二〇〇〇年九月裕子が五十六歳のときのことだったから、この写真を撮った頃には、すでに河野裕子も永田和宏も、その子どもたちも河野裕子の癌を知っていたはずなのだが、階段にならぶ家族たちは凡そ屈託のないおだやかな表情で写真におさまっている。

おそらく、癌発見五年近くを経過しつつあったこの時期には、(河野裕子をふくむ)家族のだれもが、癌は再発しないと信じ、かならず完治するという希望のもとに思いを一つにしていたのだろう。

しかし、癌は再発する。京大病院で手術後、放射線療法によってしばらく小康状態を保っていた癌細胞が、二〇〇八年七月にふたたびキバをむく。以後、河野裕子は毎週のように京大病院に通い、化学療法につとめるが、病状は悪化の一途をたどる。

そんななかで、産経新聞で一家全員が交替で受けもつ異色の連載エッセイ「お茶にしようか」がはじまるのである。

そのもっとも辛い時期に、河野も私たち家族も、それぞれ死を見つめながら書くことにならざるを得なくなるだろうということは、初めから覚悟していたことだ。ひょっとしたら連載の途中で河野の力が尽きるかもしれないという懼《おそ》れも振払うことはできなかった。そうなって、ほんとうに続けられるものかどうかは自信がなかったが、ともかくもひとつの家族としての最後のありようを、こうして家族が交互に書き進めるエッセイとして残せるものならば、そしてそれを河野裕子が望むのであれば、やってみようと思ったのである。

半年を過ぎた頃から、河野の力は目に見えて衰えることになった。他の連載やいくつかの原稿の執筆、そして選歌と、どれも力を抜くことを知らなかったが、鉛筆を握る力がなくなり、キーボードを叩くことができなくなると、河野の歌や原稿は、家族の誰かが口述筆記で行うことになった。

それらの辛い作業を傍らで見ているのは耐えがたいことではあったが、それらは必死と言うのでも、けなげと言うのでもない、もっと自然な仕事への向かい方でもあった。二〇一〇年の初夏以降は、私たち家族は、河野の最期までの時間を計りながら日々を送らざるを得なかった。

『家族の歌』の冒頭にある永田和宏のまえがきだけれど、表面上はおだやかな顔でカメラにおさまっていた永田家の家族が、いかに裕子の病状に一喜一憂し、やがて訪れるかもしれぬ彼女の死に対して、平常心であろうとつとめていたかが語られている。

そんな夫や子たちの愛情に見守られながら、六十四年の作歌人生を生きぬいた河野裕子は、一九四六年七月二十四日、熊本県上益城郡御船町七滝に生まれている。父河野如矢《ゆきや》、母君江の長女だった。

四歳のとき一家は京都に引っ越し、さらに六歳のとき滋賀県甲賀郡石部町（現在の湖南市）に転居、それまで細々と呉服の行商をしていた両親が、一軒屋を借りて「河野呉服店」を開業した。裕子は七歳で石部小学校に入学するが、その頃から文学に傾頭し、図書館の文学関係の本はほとんど読みつくすほどの文学少女になった。

短歌なるものと出会ったのは、甲西中学に入学した十五歳の頃で、担任だった国語教師の園鈴子先生から初めて作歌の手ほどきをうける。また、読書好きだった母親の君江が、明石海人の歌集『白猫』や中城ふみ子の『乳房喪失』、『啄木歌集』などを買ってきてくれたので、それらを読んでますます短歌への興味をふかめた。

一九六二年十六歳、京都女子高等学校に入学した頃から本格的に作歌をはじめ、国語のノートに一日何十首もつくるいっぽう、多くの新聞雑誌等に投稿し入選する。高校二年のときには、ヘルマン・ヘッセの『デミアン』に影響をうけ、約五百枚もの小説を書いて自分で造本までしたりした。喘息のため、高校三年の七月から半年間休学するが、十月には歌誌『コスモス』に入会、恩師の園鈴子が出た京都女子大学文学部国文科に入学したのは、一九六六年の春である。

そして、その翌年二十一歳のとき、同人誌『幻想派』の創刊に参加、そこで生涯の伴侶となる永田和宏と出会うのだ。『幻想派0号』の合評会では塚本邦雄と会い、翌年『コスモス』の全国大会に参加したときには、宮柊二とも出会った。

のちに第一歌集『森のやうに獣《けもの》のやうに』（一九七二年、青磁社刊）に収められた「桜花の記憶」で、河野裕子が第十五回角川短歌賞を受賞するのは、一九六九年二十三歳のとき。

かへらざる憧れなれど夕映えてあかがねいろに坂はありたり
少女期終らむとしてうぶ毛濃き顔うちつけの西日にさらすかな
寝ぐせつきしあなたの髪を風が吹くいちめんにあかるい街をゆくとき
はえぎはのあたりに淡く陽がさして雲を見てゐる君二十二になりぬ
ももいろの封筒の角ちろちろと猫の舌ほどしめしてゐたり
夕闇の桜花の記憶と重なりてはじめて聴きし日の君が血のおと
くちづけを離せばすなはち聞こえ来ておちあひ川の夜の水音

それは歌人河野裕子の鮮烈なデビュー歌であり、既成の短歌界にある種清廉な風を吹きこんだ記念碑的な歌だった。その一生を終えるまでに十数冊もの歌集を出し、生涯数万首におよぶ歌をつくり、歌集に収載された作品だけでも六五八五首余を作歌したという多作の歌人だったから、この他にも秀作佳作をあげればキリがないのだが、この「桜花の記憶」と題された作品群には、たしかに歌人河野裕子の出発を告げる斬新な言霊《ことだま》の力があるように思われる。

それは、河野裕子が作歌に自己を没入させていたその時期、ひそかに永田和宏との恋が進行していた証《あかし》でもあった。同人誌『幻想派』に参加した頃出会った一歳下の和宏は、裕子にとって同じ作歌の道をあるくかけがえのない同志であり先輩歌人の一人だったが、いつかたがいに思慕を交わす仲となっていたのである。

永田和宏は、河野裕子の「桜花の記憶」に寄せた文章にこう書いている。まだ二人とも、京都に住んでいた頃のことである。

東大路通り丸太町の熊野神社に近い「らんぶる」という名曲喫茶は、私たちが最初に出逢った喫茶店だった。寺町通りを下って、御池通に出る少し手前にあった「再会」は、同人誌「幻想派」の集りなどでよく利用し、塚本邦雄氏らを交えて、何度も批評会を持った喫茶店でもあった。

私と河野裕子で頻繁に逢うようになった頃、「らんぶる」と「再会」はたぶんもっともよく行った喫茶店だった。何時間話していても、少しも気にならないようなおおらかな店であったが、どちらもいまは無くなってしまった。

あれは、どの喫茶店だったのだろう。確かに、河野に歌を見せられて、桜の歌をほめたことがあった。

桜の歌のどれをほめたのだろうか。

河野裕子が『桜花の記憶』（中央公論新社）のなかで答えている。

「この歌はいい。君が今まで作った歌の中で一番いい」

と恋人がほめてくれた。そんな形で自分の歌をほめられたことは、一度もなかった。うれしかった。

よし、歌を作ろうと思った。作って作って作って、何十首も、何百首も作り続けるのだ、と思った。

夕闇の桜花の記憶と重なりてはじめて聴きし日の君が血のおと

という桜の歌だった。

河野裕子と永田和宏が結婚したのは、一九七二年裕子二十六歳のとき。

裕子は大学卒業後、滋賀県蒲生郡日野東中学校の教諭となり、国語と英語を教えていて、結婚したときは母校の甲西中学校に転じていた。やがて和宏が森永乳業に就職したために、横浜市菊名へ転居、翌年八月には長男淳が誕生し、一九七五年五月には長女紅が生まれ、一家は目黒区のアパート、中野区の社宅へと移った。

中期の名作として知られる「たっぷりと真水を抱きてしづもれる昏き器を近江と言へり」はこの頃の歌である。

永田和宏と結婚してからの河野裕子の作歌活動はめざましかった。一九七六年には第二歌集『ひるがほ』（短歌新聞社）を刊行、同歌集で第二十一回現代歌人協会賞を受賞する。しかし翌年、京都女子大時代からの親友だった河野里子の自死に接し、否応なく作歌にも人間の生と死の陰影がつよく表現されるようになった。その頃から夫和宏は、京都大学結核胸部疾患研究所に通うようになり、家族も京都市右京区に住居を得る。

一九八〇年第三歌集『桜森』で第五回現代短歌女流賞を受賞、各地で開催されるシンポジウムにも精力的に参加するが、夫和宏が企画し司会する会が多かった。和宏が裕子の歌の力量をみとめていた証拠だったろう。そして、第四歌集『はやりを』（短歌新聞社）を刊行した一九八四年五月、夫和宏が単身米国ワシントンDC郊外ベセスダにある国立衛生研究所、国立癌研究所に留学することになったのに伴って、八月裕子も家族とともに渡米、永田一家は約二年間メリーランド州ロックビル市のロリンズパークで暮らすことになった。淳と紅は、地元のファームランド小学校、その後ツインブルック小学校に転入し、日本語学校に通いはじめた。翌年両親をアメリカに招き、運転免許をとったばかりの裕子の運転でナイアガラ瀑布、レイクプラシッドなどへ家族旅行したり、ワシントンDCでアメリカ在住の歌人たちと歌会を催したり、この二年間のアメリカ生活は河野裕子にとってきわめて充実、かつ刺激的なものであったろうことが想像される。

一九八六年三月に帰国した一家は、故郷の滋賀県石部町岡出の家に住んだ。淳は石部中学校へ、紅は石部小学校に転入した。永田和宏は、京都大学教授（結核胸部疾患研究所細胞科学部門）となり、短歌との二足のワラジは愈々忙しくなる。また河野裕子のほうもNHK学園全国大会の選者となったり、朝日カルチャー短歌講座の講師となったり、初のエッセイ集『みどりの家の窓から』（雁書館）を刊行したりと、その活動《デビュー》は止むことを知らなかった。

そうした歌人河野裕子の誕生と躍進を、すぐそばで見ていた夫であり裕子の先輩歌人であった永田和宏はどう感じていたのか、さっき紹介した河野裕子の「桜花の記憶」に寄せた文章の、和宏が裕子の桜の歌をほめたあとのつづきにはこうある。

私の感想に背中を押されるようにして、河野は角川短歌賞への応募を決心した。そして、初めての応募で見事に受賞してしまった。角川短歌賞というのは、歌壇の芥川賞とも言われるように、新人の登龍門とされる賞である。河野は応募したことを私にはいっさい言わなかった。受賞して初めて、河野から知らされ、あっけにとられたものだった。

その年、私は塚本邦雄氏から年賀状をいただいていた。それには、氏が今年から角川賞の選考委員になったので、ぜひ応募するようにとわざわざ認《したた》めてあった。「幻想派」の合評会などで何度かお会いし、氏の眼鏡にかなったのであろうか。なんらかの期待を持っていただいたのだろうと思う。

うれしくはあったが、もとより賞に応募するなどということは考えられなかった。突っ張っていたのである。賞に応募するなどは素人のすることで、作歌精神に悖《もと》るなどと、その頃の私たちの世代、仲間は豪語していた。そんな男たちの痩せ我慢を、河野はいともやすやすと打遣《うっちゃ》ってしまったのである。

河野裕子と生涯をともにすることになり、こうして先に逝かせてしまったのちに思うのは、あの時突っ張っていないで、素直に塚本氏の誘いに乗ってみるべきだったかもしれないということである。

角川短歌賞という場で、河野と競ってみるのもおもしろかったかもしれない。最終的には河野が受賞したにせよ、あの時期ならけっこういい勝負だったかもしれないと、それよりも、そんな経験を共通の記憶として話ができたとしたら、それも私たちの大切な思い出となっていたのかもしれないと、ちょっと残念に思うのである。

筆者はこの文章にうたれる。

この文章には、若かった頃『幻想派』でたがいに作歌を競い、切磋琢磨しあった同志としての歌人河野裕子の才能に対する畏敬と敬愛があり、しかもその歌人が自分の妻であったという運命への感慨が、まっすぐに吐露されている。永田和宏自身、朝日歌壇の選者、「塔」選者をつとめ、現代を代表する歌人として若山牧水賞、読売文学賞、迢空賞など、あまたの受賞歴をもつ一人者である。永田和宏のいうように、もしこのとき和宏が塚本邦雄の薦めに応じて角川賞に応募していたら、ことによると夫婦そろって角川短歌賞に輝いたのではないかとさえ空想するのだ。ここでは紹介しないけれど、それほど永田和宏の歌境もまた、現代短歌の先端をゆく喚起力にみちた世界であったことを、だれもが知っているからである。

それにしても、河野裕子の初受賞への賛辞とともに、男たちが突っ張っているうちに女房に賞をアッサリ掠《さら》われた悔しさと、若い頃の自分ならいい勝負ができたかもしれないという自負と悔悟とが、忌憚なく入り混じっているこの文章は感動的である。じつはこの文章の最後には、「まあ、能天気な夢想ではある」という半行がつけ加えられているのだが、引用者はあえてこれを省いた。永田和宏が河野裕子の夫であるという以前に、一人の歌人としての矜持と含羞にあふれた人物であることが、前文でじゅうぶんすぎるほど理解できるからである。

それともう一つ、これも読者のだれもが気づいていることだろうが、永田和宏は妻の河野裕子について書くとき、つねに裕子を「河野裕子」、あるいは「河野」とよんでいる。『家族の歌』に寄せた文のなかでも、『あなた』に添えた文のなかでも、河野裕子の名をけっして「永田裕子」とも「裕子」ともよんでいない。ハタからみれば、いささか他人行儀ともいえる「河野裕子」というフルネームでよんでいるのである。

それは想像するに、永田和宏が最後まで河野裕子を、「河野裕子」という一個の独立した人格をもつ歌人として認識し、かつ作品を読み、人間を見、何よりもその生きる態度を見つめていたからにほかなるまい。

同時にそれは、歌人永田和宏がもっていたすべての表現者を「他者」として位置づけようとするごく自然な感覚であり、たがいに短歌を通して生命を育んできた一人の歌詠みに対する、最大限の敬称であったともいえるのである。

さて、話を『家族の歌――河野裕子の死をみつめて』にもどすが、これは冒頭でふれたように永田和宏、河野裕子、永田淳、永田紅、それに淳の妻である植田裕子が交互に担当するという（植田裕子は河野裕子の死後途中参加した）、一家全員によるリレーエッセイで、原稿紙二枚半くらいの文章の最後にかならず一つ、自作の歌が添えられるという形式になっている。

永田和宏がいうように、当然エッセイの中心にあるのは、癌と闘う河野裕子の日常と、その姿を見守る家族の苦悩と葛藤の記録であるわけだが、意外とどのエッセイも短歌もカラリとした明るいタッチで書かれていることにおどろく。永田和宏、河野裕子の文章が熟達なのはわかるけれども、長男永田淳、長女永田紅、それに義母河野裕子の影響をうけて短歌の道に入ったという植田裕子のエッセイが、何か病室に横たわる河野裕子の身体をそっと押しつつむような温さにみちていて清々しい。

けっきょく『家族の歌』は、河野裕子の乳癌の再発、転移がみつかった二〇〇八年七月の約一年後から開始され、河野裕子が亡くなった二〇一〇年八月からは植田裕子が新加入して、凡そ二年間にわたって継続されるのだが、それはさながら母であり妻であり歌人であった病床の河野裕子が、家族一人一人と短歌や文章によってたがいの存在を確め合う「交信録」の趣を呈している。

エッセイ『家族の歌』は、二〇〇九年九月二日の、河野裕子の「歌なら本音がいえるから」ではじまる。

このあいだ、月刊の歌誌「歌壇」に載っていた、長女・永田紅の歌の中から二首

「裕子さんお元気そうでよかった」と幾度か言われ帰り来たりぬ

もっと長い時間があると思いいきいつだって母は生きていたのだから

（略）

私は九年前、乳ガンの手術をした。そして去年、再発してしまった。主治医から「十年先の生存率は二％」と言われた。当事者には事の重大さは案外ピンと来ないものだが、抗ガン剤の副作用には相当まいっている。

紅は細胞生物学の研究者である。わたしの病気についても、わたしの知らない角度から観察し、理解できる。だから「裕子さん元気そうでよかった」と人から言われても、母親の現状はそうじゃないのに、と紅は思う。

二首目の歌は切なかった。わたしだって「もっとながい時間があると思」っていたのだから。河野家は長寿家族として新聞に載ったこともあるのだ。

紅があなたの事をいちばん心配しているんだよ、と夫が言う。口数の少ないもの静かな娘であるが、下着や化粧品を時々、買ってきてくれる。初物のイチジクを四個買い、一個だけ食べ

ずに持ってきてくれるのは、わたしがイチジク好きなことを知っているから。

そういう娘であることは分かっているつもりだが、彼女が作った歌を読むと、日常会話のやりとりでは汲み取ることのできない、心の深みが直に感じられる。歌には、日常のコミュニケーションを超える力がある。

「紅さん、このあいだのあなたの歌、読んだよ」「うん」という短いやりとりだけで、じゅうぶんにお互いがわかる。それらしいことを言うなんて、家族だから気恥ずかしくてとてもじゃないが、歌でなら本音が言える。


（略）

いつまでも私はあなたのお母さんごはんを炊いてふとんを干して

文中にあるように、永田紅は一九七五年生まれの若き細胞生物学者で、京都大学の助教をつとめるかたわら、二〇〇一年には第一歌集『日輪』で現代歌人協会賞を受賞している有望歌人でもある。雑誌『歌壇』でふと紅の歌に眼を留めた河野裕子の、やるせない感傷が行間にあふれている。紅がこの歌を母親に読まれることを想定してつくったかどうかはわからぬが、娘の歌が母の歌をひきだすなんて夢のような話である。

それもこれも、河野裕子のいう「日常のコミュニケーションを超える歌の力」が叶えた母娘共有の交信であるといえただろう。

この文章が載った一週間後の九月九日、つまり『家族の歌』の連載二回めに、永田紅は「日々を積み重ねる家」と題したこんなエッセイを書く。

実家は建物が古くなり昨年建て替えた。その途中、術後八年経っていた母のガンの転移が見つかった。「こんなことなら、建て替えたりしなければよかったな」とぽつりと父が言った。時間は過ぎる。それでも、新しくなった木の家で、居心地よく機嫌よく日々を積み重ねることが大切。二匹の猫たちは木の床が気持ちがいいようで、あちこちで昼寝をする。思わず人間も寝転んでしまう。布団をたくさん干せるベランダが出来た。母は布団を干すのが大好きなのだ。天気のいい日、布団をしっかりと陽にあてて家族の帰りを待つとき、何を思うのだろう。母のひとりの時間を思うのはかなしい。

（略）

コスモスのほそく群れさく陽のなかでこの世のふしぎな時間と言えり

生前の河野裕子は、歌集に「猫を抱くこの重たさにずっぷりともぐり込み私なんだか猫なんだか」という秀歌をのこすほどの大変な猫好きで、紅のエッセイに出てくる二匹の猫は、いわば永田一家の平穏と安寧の象徴のような存在だった。新しい家の木の床で昼寝する猫と、せっせとベランダに布団を運び陽なたに干している河野裕子。まだこの頃は、辛うじてそんな体力が河野裕子にのこされていたのだろう。その母親が仕事から帰ってくる家族を待つあいだの一人の時間を慮《おもんばか》って、紅は「かなしい」と書く。読む者は、布団に陽をあて家族を待つ病母の孤独を思う、そんな紅の「かなしみ」がわかって涙ぐむ。

だが、全体的にみると、『家族の歌』のエッセイのなかで直接河野裕子の病について書いているものは少ない。永田淳は「近所の迷い犬」や、「キハダマグロの切り身」の話を書いたり、紅は「学園祭」や「サンタクロース」のことを書いたり、永田和宏は河野裕子が自分につけた「うまこさん」というアダ名の由来を書いたり、どちらかといえば呑気というか、身辺スケッチふうな話題が多い。おそらく暗黙のうちに、家族間ではそんな取りきめがなされていたのだろう。しかし、そうした何でもない家族風景が語られれば語られるほど、家族たちが一刻とて河野裕子の病状から眼をそらしていないことがわかる。塗り絵に譬《たと》えれば、家族たちが母親の病から離れたところを絵の具で塗れば塗るほど、塗られていない河野裕子の病床の姿がくっきりとうかびあがるみたいに。

唯一、自らの癌のことを書いているのは河野裕子である。河野裕子は少しも現実から逃げていない。むしろ凝視している。徐々に身体を蝕ばんでくる癌の進行状況は、『家族の歌』に月一回の割で載る河野裕子のエッセイを読めばすぐにわかるのである。

たとえば、連載がスタートしてまもない二〇〇九年十二月二日の、「食べること」と題したエッセイ――。

抗ガン剤（TS1）を服用するようになってから、食欲が全くなくなってしまい、水を飲むのも苦痛である。それでも、長年の習慣は抜けず、どんなにしんどくてもご飯だけは起きて作る。疲れて帰って来る家族が居るかぎりは、ご飯を作って待っているのが何より大事だから。味蕾もやられてしまっているので、これはもう勘に頼るほかないが、おいしいと言って食べてくれるのが嬉しい。

わたしは、頬杖をついて夫や娘が食べるのを眺めているだけだが、食べられなくなってみると、今までそんなに意識しなかった思いが、輪郭をもってせり出してくる。

食べておいしいというのは、人生の半分くらいの幸せだったんだなあ。おいしいって、ほんとに何ていいことなんだろう。

けれど食べるためには、必ず動植物を殺さなければならない。わたしたちは、牛や豚や鶏たちが殺される現場を見た経験がほとんど無い。

（略）

スーパーに行って食肉売場に行くのを止めて帰ってくることが多くなったが、そんな事を言っていると食事が作れなくなる。

ああ、以前のようにおいしいと言って食べたい。切に思う。食べることは、今のわたしには苦痛になったが、生きるために殺すということの、条理と不条理のあいだにある答えようのないものの深淵を覗く。嗚呼というほかに何が言えよう。

食べることは生きるよろこびと沁みじみす　殺して食ふことと沁みじみす

何という素直な言葉、素直な歌であることか。

この河野裕子の文章の凄さは、たんに人間の生殺与奪の悲しみを語っているのではなく、河野自身が「殺しても食べたい」と欲求する当事者の言葉で語っていることだ。不条理をみとめながら、それを条理として生きねばならない人間のエゴイズムの位置を、けっして投げ出していないことだ。一切の味覚を失ない、何一つ食物を口にできぬほど衰えながら、河野裕子はみじんも自らが信じる生命観、倫理観を失なっていない。ここにも、ゆるぎない河野の「歌人の眼」があるのである。

それにしても、容赦なく癌は進行する。

河野裕子はかなり歩行が困難になってからも、発病前から約束していた講演会やシンポジウムの仕事をいくつもこなし、夫とテレビ番組にも出演し、NHK全国短歌大会の審査には、栄養剤の点滴をし車椅子を使って参加した。二〇一〇年一月十日の皇居での歌会始では、皇后からねぎらいの言葉を掛けられ、天皇陛下からも見舞いの言葉をもらう。歌会始での河野裕子の詠進歌は、「白梅に光さし添いすぎゆきし歳月の中にも咲ける白梅」だったが、じっさいは歌が朗詠されているあいだ立っているのもやっとという体調だったことを、エッセイ「本番に強い」のなかで告白している。

本番には強いと念じつつステージまでの百歩踏みしめ歩く

河野裕子にとって、この頃の一日一日は、まさしくこの歌のように、やがてくる自らの生の終焉にむかって、一歩一歩踏みしめて歩く毎日でもあったのだろう。

じっさい、いよいよ容態が悪くなった二〇一〇年の春ぐらいまでは、河野裕子は他の家族と同じように身辺のささいな出来ごとや、幼かった頃の思い出をモチイフにしたエッセイを書いていたのだが、その年の夏に入ると、しきりと「母」の登場する文章を書くようになった。二年前八十五歳で亡くなった母君江（君江も歌をつくっていた）の思い出だった。

この不世出の歌人は、静かに迫る己が死期を前にして、歌の力をもって母の胎内に還《かえ》ろうとしていたのではないかと、ふと考える。

　お母さんあなたはわたしのお母さん、裕ちゃんごはんよと呼ぶこゑがする
　母がなぜ私に残ししか分からねど空色の着物を娘に残す
　叱られて子供は育つ父は父の母には母の叱り方があり

河野裕子の「母」への思いは子供たちにも伝染する。裕子は「母の歌」を書きながら、しきりと「子供たち」のことも書くようになり、とくに同年四月に結婚した紅の結婚式には病身をおして出席したときには、紅の花嫁姿に重ねて「自分の結婚したときの母はどうだったろう」とか、「母は幼い頃から自分を叱ったことはなかったな」とか、自身の過ぎし日々に思いを馳せるのだが、裕子のエッセイに自分たちの名が登場するにつれ、淳、紅も担当するエッセイで「母（河野裕子）のこと」を書きはじめるのである。

まず、永田淳の書いた「僕のお母さん」――。

このエッセイを引き受けたとき、暗い話は書かないことにしようと思っていた。しかし、やはり母のことは書いておこうと思う。

十年前に母が最初の手術をした。何かの検査の後に病院に迎えに行った時、玄関で白いブラウスを風に吹かせて立っている姿を見て、随分痩せてしまった、と思った。

そして今回、抗がん剤治療に入り、目に見えて母は小さくなっていく。物理的なものでも相対的なものでもない。

元気な人の周囲には生気が漲《みなぎ》っていて、それが人を大きく見せるのだと、つくづく実感する。

母が元気な間に、うちの子供達をしっかり会わせておこうと思う。

まだ子供達には病気のことは話していない。どう話せばいいのだろう。初めての経験というのは、いくつになってもあるものだ。

また一つ賞状をうけさらにまた小さくなれる母と思いぬ

そして、紅の「モノの時間」——。

物を大切に使おう、という厳しい教育方針があったわけでもなく、とくにケチというわけでもないと思うのだが、(単にずぼらなだけかもしれない)結果的にうちのモノたちは、家にやってくる人たちに驚かれるほど長生きだ。

母の若いころの服も私がよく着ている。幾分オールドファッションの感じは否めないけれど、きれいに保管されていてなかなかいい。母のベルベットのスカートをはいていたとき、恋人に「持っている中で一番いい」と褒められたことがあって、少し複雑な気分だったが。来週の私の結婚式のお色直しには、母の桜の着物を着ることになっている。

物はいつかはなくなる。それが自然だと思う。けれど、その物を使い続けた時間があるから、愛着があり懐かしい。物そのものに価値はなくても、それにまつわる時間と、一緒に過ごした人たちの記憶の手がかりになってくれる。ちょっとした手触りだとか、使い勝手の良し悪《あ》しも含めて、捨ててしまうと、何か、もの以上のものを手放してしまう気がするのだろう。

この調子でゆくと、来週の桜の着物も、まだまだ着続けることになるだろう。私ひとりで終わらず、代々受け継がれる着物というのは、物語のようであこがれのひとつ。

ある日ふと気づく年月　かたちあるものに陽をあてまた取り入れる

これは永田家全員が共有する遺伝子なのだろうか、淳にしても紅にしても、文章が誠実であり率直である。日に日に痩せてゆく母親の姿をみながら、我が子に母の元気なうちにその姿をみせておきたいと希《ねが》う淳。母親からもらった着物に、代々受け継がれてゆく家の物語をみるという紅。表現の巧拙ではない、伝えたいこと思うことにむかって一心にペンをすすめる、ひたむきな姿勢がここにある。平明でおだやかな、混じりけのない母への愛があるというか。

そういえば、永田一家が家族じゅうで同じ話題のエッセイを書いているところがある。前にもいったように、母親の河野裕子は大の猫好きで、飼い猫のトムとムーは、もはや一家の世帯主といってもいいような存在だったのだが、二〇一〇年六月某日、とつぜんトムが姿を消してしまう。少し前からトムはちょっと具合を悪くしていたのだが、和宏につれられて病院で点滴をうってもらった日、縁側で淳に二どほど頭を撫でてもらったあと、フラリと外へ出て行って、それきり帰ってこなくなった。

このトムの行方不明事件を、淳も紅も競争するように書いているが、ここでは永田和宏の「トムとの別れ」がいいと思う。長くなるが、ほぼ全文を引用する。


トムが死んだ。死んだのかどうか、もう一週間も帰らない。奴には三週間も帰ってこなかったという「前科」がある。帰ってきた時は、ひどい怪我をしていた。近所の猫と喧嘩をして、傷が癒えるのをじっと待っていたのだろう。二、三日帰らないことはざらだった。

トムは外猫。丸一日家に閉じこもるということはついになかった。どんなに弱っていても、必ず外へでかけ、近所のパトロールをしてくるらしい。とにかく鼻っ柱の強い猫で、近所をのし歩いてよく喧嘩をし、いつも汚れていて、猫だけでなく飼い主をもよく嚙み、それでもなお憎めないのがトムだった。

普段なら「またか」とも思うのだろうが、今回ばかりは駄目だろうと思わないではいられない。一ヶ月ほど前から腎炎が悪化し、一週間に一度は点滴に連れて行っていたのだ。最後に連れて行ったのが一週間前。ちょうど病院から帰ってきたところに淳がやってきた。縁側で淳に頭を撫《な》でられ、そのまま無愛想に裏庭に出て行ったのが、トムを見た最後になった。

トムが淳に拾われてきたのは、まだ片手にすっぽり収まるくらいの生後直後だった。ミルクも飲めないくらい弱っていて、あわてて病院へ。

なんとか一命を取りとめて、わが家の猫になったが、不思議な癖が残った。一緒に寝るとき、必ず私たち誰かの手を吸うのである。親指と人差し指の股《また》の部分を吸いながら寝る。離乳もできないままに母親から引裂かれて、乳首の記憶がトラウマとして残ったのだろうか。その癖は、青年期になってもしばしば現れて、私たちをどぎまぎさせた。

私自身が母親を知らず、ついに抱かれた記憶を持たずに育ったので、なおさらトムのその奇癖が哀れであった。

（略）

帰らなくなった一週間目の夕方、もう駄目だろうとわかってはいたが、「トム！　トム！」と近所を探し歩いた。トムが家のなかで看取られながら死ぬなんて、想像ができなかった。

トムのことだから、聞こえていてもきっと出てこないだろうと思いつつ、薄れゆく意識のなかで、最後に私の声をかすかにでも聞いてくれれば、などといっそう感傷的な思いを募らせながら歩いたのだった。

縄張りはもう諦めよと言ひきかす老いてますます頑固な猫に

この文章はストレートに胸に迫る。
永田和宏は、複雑だった己が出自を愛猫トムの「指の股を吸ふ癖」に重ね合せ、その憐《あわれ》さに泣くのである。もともとトムは捨てられた猫だった。「トムのことだから、聞こえていてもきっと出てこないだろう」と思いつつ、名をよび近所を探しあるく永田和宏の姿もまた、人間として哀切である。

このトムとの永訣は、やがてくる河野裕子との別れをも暗示していた。永田和宏は、トムの名をよびながら、愛猫の失踪も知らず病床で眠りつづけている河野裕子の名をよんでいたのではないか。河野裕子もまたトムと同じように、たとえ永田和宏の声がとどいていても、もう二どと帰ってこない旅に出ようとしていることを知っていたからである。

ことによると、最後の歌の「縄張り」は、浄土と人間世界をむすぶ生と死の垣根、生老病死の境界をいっているのかもしれない。「縄張りはもう諦めよ」と歌人は自らにいいきかせる。何かに耐えるように、そういいきかせる。河野裕子は「もうわたしは死ぬ」ときめたら、頑としてそれを貫き通すトムそっくりの性格だったから。

二〇一〇年七月、失踪したトムと入れ替わるように、京都大学病院に入院していた河野裕子は家に帰ってきて、永田家一丸となった自宅介護がはじまった。

河野が『家族の歌』に書いた原稿は「往診」で、何十年ぶりかで家で診察をうける幸せについて語り、現代のベルトコンベアーに乗せられているような医療とちがって、かつての社会では当り前だった往診という町医者的な医師と患者の関係をなつかしむ内容だったが、そこにはもはや家族の手にわが身を預けるしかない、ほとんど諦念といってもいい河野の心情がつづられているのである。

いつまで生きられるか私にはわからない。コスモスが咲く頃までとか、年を越せるかどうかとか、来年の今頃までは、などと言われていた母が、六ヶ月も多く生きのびたことを考えれば、いい方に呑気に構えていたいものだと思う。

たやすくできていた日常のこと、歩いたり原稿を書くことができなくなり、その分、家族に負担をかけることになってしまったが、もう少し元気になれば、それらもなんとかなるだろう。

原稿は、夫や息子や娘に頼っているが、思っていたよりもスムーズに筆が運ぶ。この原稿も夫が口述筆記をしてくれている。

自宅看護を受けることに決めたとき、きれいごとで済ませるわけにはいかないと思った。シャワーをするときにこの身体を見せてしまうことにも躊躇《ちゅうちょ》しなくなった。坐薬を入れてもらうことも。

（略）

聴診を受くるは何年ぶりのこと胸と背中をゆっくり滑る

このエッセイの末尾には、「8・7」という日付がしるされているが、それはこの文章が新聞に掲載された月日である。河野裕子の死ぬ五日前の日付である。「シャワーをするときにこの身体を見せてしまうことにも躊躇しなくなった。坐薬を入れてもらうことも」の一行が、ただただ胸をひたす。

自宅介護についての思いは、永田和宏のほうも『家族の歌』に書いていて、河野の「往診」が載る一週間前の担当エッセイのタイトルは、「相槌」だった。

河野裕子が家へ帰ってきた。在宅看護か、入院して緩和ケアを受けるかという選択のとき、河野は迷わず家に帰ることを決めた。正解だったと思う。家族の負担は増えたが、何より一緒に居られる時間が増えたのがうれしい。

病状は予断を許さない。一緒にいて、少しでも元気で笑ってくれれば、ひょっとして「このまま」が続くのではないかと錯覚するが、それが儚い望みだということは打ち消しようがない。

（略）

いま私の心のすべてを占めているのは、河野の病状である。その不安や怖れは当人以上のものかもしれないとも思う。しかしそれは、実は、河野を失い、一人残される〈私のその後〉への不安だと気づいて、愕然とする。

私たち夫婦はとにかくよく話す夫婦であった。私が帰ればたちまち河野の速射砲のごとき話が追いかけてくる。私がトイレに入れば、扉の前で話し続けたものだ。私もよく話した。

そんな話の中で、「よかったわね」「それはすごいわね」という河野の相槌《あいづち》は常に私を安心させてくれた。歌でもサイエンスでも、私はこれまで人並以上に頑張ってきたと思う。それは河野のそんな相槌を無意識のうちに求めていたから続いたことなのかもしれないと、この頃痛切に思う。

歌一首を河野が「いいわね」と言ってくれる。誰が認めてくれなくとも、それで十分だった。研究成果がいい雑誌に掲載される。内容はわからなくとも、「よかったわね」とひと言が聞ける。

そんな相槌が私のこれまでの努力を支えてきたのかもしれないと思う。

相槌を打つ声のなきこの家に気難しくも老いてゆくのか

読者にも心当る人は多かろう。永田家の何人もの人が同じことをいっているが、「相槌」は大事だ。友とのあいだでも、仕事仲間とのあいだでも、はたまた夫婦のあいだでも、会話の潤滑油となるのが「相槌」である。「そうね」「そうだね」の一言によって、相手の告げる言葉がスムーズに心にとどき、それがつぎの、自分が相手に告げようとする言葉をなめらかに導き出す。

永田和宏と河野裕子はたがいの歌をみせあうことが多かったという。河野裕子は多作派で、どちらかといえば和宏は寡作派だったから、作品をみせるのは河野裕子のほうが多かった。べつに批評や意見をあおぐというのではないのだが、歌ができあがると、小学生が担任の先生に宿題をもってゆくように、河野はいそいそと歌をみせにゆく。和宏はそれに×とか○とかをつける。それで裕子は何だか安心する。河野裕子はエッセイに「私の歌の第一読者は、一番身近に居るつれあいということになっていて、ケンカをした時以外は、いちいち彼に見せる」と書いているが、和宏は和宏で、エッセイに「一度にいっぱい作る河野の作品を読まされるものは結構たいへんなのである。それもたいていこれから研究室へという朝飯のときに持ってくるのには閉口する。間に合わなくて、トイレにまで持ち込んだりもする」と書いている。そして、河野が「ケンカをした時以外」といっている点について、「うーん、ケンカをしてても、その時だけは見せにくるんじゃなかったかな」と切りかえすのである。

読んでいるだけで、何か心がほどけてくるようなやりとりである。二人は仲が良かったんだな、と思う。こういうのを本当のオシドリ夫婦ならぬ、歌詠《よ》み夫婦というのだろう。

とにかく、歌人河野裕子の多作ぶりは晩年まで変らなかった。掃除洗濯のあいだに、鍋で煮物をしているあいだに、子供の制服にアイロンをかけているあいだに、庭で植木に水遣《や》りをしているあいだに、次々と短歌ができた。それはまるで、泉に水が湧くごとくにである。いつも居間のテーブルにひろげて置いてある四百字詰のＡ４の原稿紙は、何十首という歌ですぐいっぱいになる。

反対に永田和宏は典型的な沈思黙考型の歌人で、練りに練った歌案をいくども推稿し、呻吟し、削ったり足したりして、ようやっと一首生み落すというタイプ。そういう歌作りの方法や姿勢の違いも、尚さら二人の歌人の距離を近づける理由になっていたのかもしれない。

河野裕子が息をひきとったのは、二〇一〇年八月十二日午後八時七分で、満六十四歳の生涯だった。本人の希望通り、自宅で家族にかこまれて亡くなった。七月初めから自宅介護がはじまり、家族交代で河野の枕辺に寄り添い、栄養補給の点滴のチュウヴを加減したり（入れるのは医者でないとできなかったが)、局部の血液凝固をふせぐためにヘパリン(凝固防止剤)を使ったり、寝巻きを変えたり、寝返りをうたせたり、痛み止めの坐薬を入れたりという作業を、和宏、淳、紅たちがかわりばんこに受けもつ。少し裕子の気力があるときにはスープを匙で口にそそぐ。だが、まもなく河野裕子は胆管手術のために日本バプテスト病院に再入院、八月に入って急速に容態が悪化するのである。

私たちが歌人河野裕子の最後の姿を知るのは、『家族の歌』のあとがきにある永田和宏の「最後の歌」においてである。

全文をうつす。

八月十一日。いよいよ裕子の状態が悪い。昨日から吐き気が強く、持続的に皮膚から染み込ませていたモルヒネのパッチをはずした。

その影響だろうか、朝から苦しさに胸を掻《か》きむしる。息苦しくてたまらないと言う。姿勢を変えてやる。それでも苦しさは変わらない。

汗をかき、「苦しい、どうにかして」から「もう死なせて」に変わる。酸素の細い管を鼻からはずしてくれと言う。寝巻きが苦しいというので、鋏《はさみ》で切り開く。

「苦しい」と声を出すたびに酸素消費が高まり、さらに呼吸が苦しくなる。手を握り、「大丈夫、だいじょうぶ」と繰り返すだけの自分の無力を呪《のろ》わずにはいられない。「もうしゃべらないで。ゆっくり息を吸い込んで……」と頭を撫でつづける。

一時は抜けてしまった髪も、ようやく二センチほどに伸び、一本の白髪もないその黒々とした髪の毛は、撫でると赤ん坊の髪のように柔らかい。その柔らかさが哀れである。

紅が突然アメリカでの生活のことを話し始めた。そうか、と、はっと思いあたり、すぐに私もそれに応じる。

淳と紅をそれぞれ三〇〇キロも離れたサマーキャンプに連れて行ったときのこと、その道中の楽しかったこと。

「裕子さん、覚えてる?」と言葉を挟みつつ、二人で必死にアメリカ時代の思い出を次から次へと話す。話題は河野の苦しそうな顔を越えて、ゆっくりと展開し、やがてモルヒネのフラッシュが効き始めたのか、眠りに入っていった。私たち家族の青春時代の、あの楽しい記憶に包まれて眠ってくれただろうか。

もうすぐ死のうとしている人。死の間際まで、あの楽しい時間の記憶が彼女の心を満たし続けてくれることを祈る。その記憶が私たち家族だったのだから。

一時間ほども眠ったあと、ベッドの両側から見つめている私たちに気付いたようだ。

不思議そうに眺めて、呟《つぶや》くようにゆっくり、かろうじて聞き取れるほどの小さな声で話し始めた。

「あなたらの気持ちがこんなに……」。

あっ、と思う。

「ちょっと待って」と、すぐに原稿用紙を開く。歌なのである。

「こんなにわかるのに」と、鉛筆を走らせる。しばらく時間があって、「言い残すことの何ぞ少なき」。


あなたらの気持ちがこんなにわかるのに言い残すことの何ぞ少なき

一首ができると、言葉が次々に芋づるのように口にのぼってくるようだ。十分ほどの間に、数首ができた。

最後の一首は

手をのべてあなたとあなたに触れたきに息が足りないこの世の息が

こんな風にして河野裕子は死の前日まで歌を作った。生まれながらの歌人だったのだと思う。

翌十二日。やはり苦しさの発作の直後に、「われは忘れず」と呟いた。
「それから?」と促すと、
「うん、もうこれでいい」と言った。
これが歌人河野裕子の歌との別れであった。

おはやうとわれらめざめてもう二度と目を開くなき君を囲めり

書きうつしていて、涙が止まらない。
それは現代歌壇のリーダーといわれた卓《すぐ》れた一女流歌人の死に対しての涙にちがいないのだが、もっと深い場所から波のようにうちよせてくる涙でもある。何とうつくしく、背すじののびた河野裕子の死であったろう。そして、たとえそれが家族の当然の勤めであったにしても、何と一所懸命で一途な、永田家の人たちであったろう。最後の一首、「手をのべてあなたとあなたに触れたきに息が足りないこの世の息が」があまりに痛切だ。ここにうたわれる『あなた』は、夫である和宏に対する呼び名であったと同時に、家族一人一人、歌人河野裕子の歌を読むすべての人々に対する呼び名であったはずである。人間はこんなにまで純粋に、こんなにまでひたむきに人を信じ愛せるものなのか。

筆者はこの河野裕子の臨終の姿に、むしろ凛とした生の形をみる思いがする。河野裕子は死ぬまぎわまで、自らの鼓動が停止しピクリとも動かなくなるまで、心身の底から湧き出てくる無限の言葉を歌に詠んだのである。最後まで、歌人として生き、歌人として死んだのである。癌の痛みと戦い、薬の副作用にのたうち、泣き叫びながら、しかし家族への愛を歌い、感謝し、手をにぎり、その人々の幸福を願う歌をつくり、それを推敲しつづけたのだ。そこにあるのは歌人河野裕子にてんからそなわっていた人間としての「正直さ」であり、「つよさ」だった。

永田和宏が末尾にしるした「これが歌人河野裕子の歌との別れであった」という一行が心にひびく。

河野裕子は今も愛する家族の心のなかに生きている。永田和宏や淳や紅たちとともに生きている。だが、もうだれも歌人河野裕子の新しい歌を読むことはできない。河野裕子が死んでしまった今、もうそれは叶《かな》わない。

装丁◉坂田政則
装画◉窪島誠一郎

窪島誠一郎（くぼしませいいちろう）

1941年、東京生まれ。印刷工、酒場経営などへて、79年、長野県上田市に夭折画家の素描を展示する「信濃デッサン館」を創設、1997年、隣接地に戦没画学生慰霊美術館「無言館」を開設。2005年、「無言館」の活動により第53回菊池寛賞受賞。

おもな著書に「父への手紙」（筑摩書房）、「信濃デッサン館日記」Ⅰ～Ⅳ（平凡社）、「無言館ものがたり」（第46回産経児童出版文化賞受賞・講談社）、「鼎と槐多」（第14回地方出版文化功労賞受賞・信濃毎日新聞社）、「父　水上勉」「母ふたり」「「自傳」をあるく」（白水社）、「夭折画家ノオト」「蒐集道楽」詩集「くちづける」（アーツアンドクラフツ）など多数。

愛《あい》別《べつ》十《じゆう》景《けい》

2017年9月15日　第1版第1刷発行

著者◆窪島誠一郎《くぼしませいいちろう》

発行人◆小島　雄

発行所◆有限会社アーツアンドクラフツ

東京都千代田区神田神保町 2-7-17

〒101-0051

TEL. 03-6272-5207　FAX. 03-6272-5208

http://www.webarts.co.jp/

印刷　シナノ書籍印刷株式会社

落丁・乱丁本はお取り替えいたします。

ISBN978-4-908028-21-2　C0095